大展好書　好書大展

品嘗好書　冠群可期

大展好書　好書大展
品嘗好書　冠群可期

命理與預言 7

簡明 紫微斗數命運學

唐　龍/編著

大展出版社有限公司　印行

目錄

第一章 有關紫微斗數命運學……七
——如何製作命運盤——
何謂紫微斗數命運學……八
收集自己的出生資料……一三
製作命運盤……二〇
①決定命宮之所在……二四
②決定身宮……二八
③決定十二宮……二九

第一章　找出您的命運之星……三三
——算命的前奏——
找出星辰……三五
①尋找紫微星……三五
②由紫微星所導出的六顆星……三六
③由天府星導出的七顆星……四四
④從出生時間引導出的二顆星……五二
⑤決定十二運……五四
探知空亡……六一
取決大運……六六
決定小運……七〇

第三章　熟知您的過去、現在、未來……七五

——命運盤解說編——

命運盤的解說順序……七七
命宮——觀察您的性格、一生的運勢好壞之宮……八〇
兄弟宮——觀察兄弟、朋友運之宮……一〇〇
愛情宮——觀察您的戀愛、結婚運勢如何……一〇七
兒女宮——觀察您兒女運之宮……一一九
金錢宮——探究您的財運之宮……一二七
健康宮——觀察您的健康之宮……一三五
移動宮——觀察您命運變化之宮……一四三
部下宮——觀察您的部下宮之運勢……一五三
職業宮——觀察您的職業之宮……一六一

資產宮——觀察您的資產運之宮……一七四
福德宮——觀察精神生活是否幸福之宮……一八三
父母宮——觀察您與雙親關係如何之宮……一九二
身　宮——觀察能否活用宿命之宮……二〇二
熟知您的運勢上昇期、危險期……二〇九
①帶來大、小運的十二宮……二一〇
②導致大、小運的群星……二一五
第四章　探知您與他人的緣份如何……二二一
——命運盤活用編——
附　錄　干支一覽表／新、舊曆對照表……二三五

第一章　如何製作命運盤

有關紫微斗數命運學

何謂紫微斗數命運學

中國在明代卽有命運盤

這本紫微斗數命運學，是根據中國千年以來源遠流傳的紫微斗數，改寫成現代的筆調，使讀者們能夠簡單明瞭地熟習其中的奧妙。

就像現在年輕人之間最流行的西洋占星術一般，以生辰日期、時間爲根據的星座的推算方法，並寫於可說是人生縮圖的命運盤上，就這一點而言，這的確是中國版的命運盤（西方的占星術之出生天宮圖）。

東西洋的占星術間擁有悠久的歷史背景，但紫微斗數的推算法複雜，外行人很難窺得深奧處之內的深奧處。但所有具悠久歷史的算命術都有一個共通處，那就是認識些許的部份，就有可能完全看穿人生智慧的最深奧處。而紫微斗數的推算順序雖相當地煩雜，但如能作個命運盤的話，必較其他任何一種算命術更容易判斷，更容易推算。

被推崇爲東方占星術之王的四柱推命學，其正確性無庸置疑，連最微細處的命運變化都能算出，但是判斷的方式非常的複雜，卽使四柱推命的專家們之解釋也各異其趣。說明各有出入。因此，紫微斗數的簡單明瞭性推算，可彌補艱深的四柱推命之憾，而廣受歡迎。

雖然紫微斗數簡單明瞭，但是東方哲學根本的陰陽五行理論，則是現代的年輕人所不易理解的深奧學問，再說還要掌握爲數高達六十三種的星星，愈使這門算命術更形複雜，因此，本書將原本紫微斗數的星數中，擇取其中最重要的十六種來解說。如果熟習這簡單的方法，而能夠運用自如後，再閱讀有關的專門著作，相信必可使您對紫微斗數的修爲達到上乘的境界。此外，本書更附錄命運盤，奉勸您也能夠對照本書，勤加利用，使紫微斗數完全變成您自己的一門絕技。

與西洋占星術一樣，如沒有生辰時刻的話，絕無法推算出正確的命運。希望各位也從家譜的記載中，找出自己確實的出生年月日時辰，以資對照利用。我相信年輕人也會同樣地愛好紫微斗數的算命術。

命運盤顯示三島由紀夫的死亡

西元一九七〇年十一月名日本名作家三島由紀夫，在市谷的自衞隊切腹自殺。深被三島的文學所傾倒的我，簡直不敢相信這是眞的。

但某位同樣對三島文學傾心的好友，在此事件之後，告訴我說，其實有很多的算命師早就預測三島的死亡了。當時，我實在沒有那種心情排出三島的命運盤以證實其眞僞性。這位作家的戲劇性死亡，對我是個絕大的衝擊，以致於使得嗜好算命的我，堅拒推算這位當代文學家的命運，經過數年後，我才興起看看三島運勢的念頭。

三島生前年輕卽負盛名，雖不致於被奉爲「文豪」，但以世界性的知名度而言，他在日本作家之中屬第一位，同時更屢次被提名爲諸貝爾文學奬的候補。

在他豪華的私人沙龍內，每天晚上都有國內外的藝術家們聚集一處，而當氣氛正熱鬧時，主人却突然靜悄悄地躱到書齋內去埋頭寫作。

就如同所有關於三島的傳言所訴說地一般，他的確是當代君臨性的巨大存在。我原本期待他的命運盤上也顯現出相對地吻合暗示，但三島的命運盤却是不吉利的。

個人承自先天天運的宿命存在於「命宮」，假如「命宮」的運勢不强的話，承受「宿命」塑造的「身宮」如堅韌，或許仍有希望突破艱險，但三島的「身宮」，却正好位於最爲衰弱的「絕」位上。

這種運勢只能在那些時運不濟終老陋巷的市井小民身上發現，世界性偶像的三島，似乎不應有這種不幸的命相才對。

因此我詳細地推算三島的一生。從命運盤上可看出他出生後的六年間，正如「命宮」所暗示，運勢不佳，七歲至十六歲爲「冠帶」，已能獨力從事工作，十七歲至二十六歲爲「建祿」，同時更有「福德宮」促成其更大的成就，二十七歲至三十六歲爲「帝旺」，英年卽登上人生的絕頂期，其中更有光芒萬丈的太陽扶持。三島由紀夫的豪壯，與其說存在於他的宿命，倒不如說存在於命運的洪流之中。

那麼，宿命中的黑暗期又在什麼地方呢？三島的黑暗期從三十七歲至四十六歲，也就是從人生絕頂的「帝旺」之上墜落，進入「衰」期，這個時期，正是三島發表激烈的極右翼言行而備受矚目之時。在四十五歲又十個月，他舉刀切腹自殺，正是快進入四十六歲時。

但如從每年的運勢上來看的話，他四十五歲時是「帝旺」，其後落入「衰」。所謂命運的變

三島由紀夫的命運盤

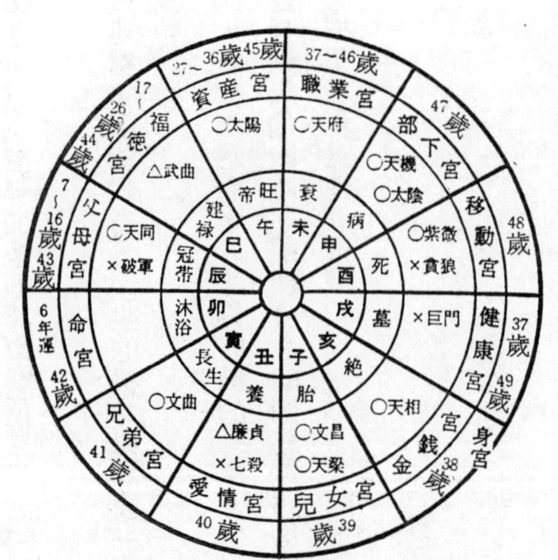

化，是在運勢轉變的節骨眼時產生的，對三島而言，四十五歲十個月，正是他命運上的轉捩點。說不定三島本身也早已預知今後自己命運的衰微。所以才有那麼多的算命家預見三島的死亡。

從三島由紀夫的實例來看，只要手中擁有一份命運盤，即能對自己天生的宿命與其後一生的運氣一目了然。

假如遭遇紅燈，出現自己運勢上的危險徵候的話，應該潛隱忍耐，等待時機的到來。但也並不是說眞的一動不動地空等待，義大利人只要確認自身絕無危險時，照樣公然的闖紅燈過馬路。因此，遭遇運氣上的紅燈時，我們最好採取彈性地應用這種現實性的智慧。

收集自己的出生資料

把出生年月日改成干支

欲排出自己的命運盤之前，首先要把生年月日、出生時辰改成為十干（甲、乙、丙、丁、戊、己、庚、辛、壬、癸）及十二支（子、丑、寅、卯、辰、巳、午、未、申、酉、戌、亥）。這些資料只要查閱農民曆必可找到。本書後附有干支一覽表、萬年曆，可對照參閱。

現在就以民國六十九年三月一日上午六時出生的男孩A君爲例，將他的出生年月日時改爲干支。

作業①——將年改爲干支　請你翻閱干支一覽表中的民國六十九年（二六三頁）。因是三月一日出生的，所以根據二月五日至十二月卅一日之間的年柱爲「庚申」。

作業②——將月改爲干支　同樣使用干支一覽表的民國六十九年那頁。請看三月的月柱欄，因至三月四日爲止是「戊寅」，所以一日出生的月柱爲「戊寅」

作業③——將日改爲干支　一樣翻閱民國六十九年的一覽表，試看三月的日柱欄，可以看出⑨。將出生日（一日）加以9得10，然後請看日柱一覽表，⑩的這一欄（14、286頁均有），「癸酉」就是三月一日出生者的日柱。

作業④——將時改爲干支　請參閱16頁的時柱一覽表。上午六時出生，而日柱是「癸酉」，所以循著一覽表的「日柱上段」中的癸這欄（癸戊），請看一下和右邊的「出生時間」欄之上午六時（五時至七時之間）相交會之處的「乙卯」，它就是時柱。

由以上的作業，可得出民國六十九年三月一日上午六時出生的人，其干支是——

年柱　庚申　　日柱　癸酉

月柱　戊寅　　時柱　乙卯

日柱一覽表

① 甲子	⑪ 甲戌	㉑ 甲申	㉛ 甲午	㊶ 甲辰	㊿51 甲寅
② 乙丑	⑫ 乙亥	㉒ 乙酉	㉜ 乙未	㊷ 乙巳	52 乙卯
③ 丙寅	⑬ 丙子	㉓ 丙戌	㉝ 丙申	㊸ 丙午	53 丙辰
④ 丁卯	⑭ 丁丑	㉔ 丁亥	㉞ 丁酉	㊹ 丁未	54 丁巳
⑤ 戊辰	⑮ 戊寅	㉕ 戊子	㉟ 戊戌	㊺ 戊申	55 戊午
⑥ 己巳	⑯ 己卯	㉖ 己丑	㊱ 己亥	㊻ 己酉	56 己未
⑦ 庚午	⑰ 庚辰	㉗ 庚寅	㊲ 庚子	㊼ 庚戌	57 庚申
⑧ 辛未	⑱ 辛巳	㉘ 辛卯	㊳ 辛丑	㊽ 辛亥	58 辛酉
⑨ 壬申	⑲ 壬午	㉙ 壬辰	㊴ 壬寅	㊾ 壬子	59 壬戌
⑩ 癸酉	⑳ 癸未	㉚ 癸巳	㊵ 癸卯	㊿ 癸丑	60 癸亥

※超過60，再從1循環

有一點須注意的是，晚間11時至12時之間出生的人，其出生日期應爲翌日才對。例如同樣三月一日出生的人，如爲三月一日夜晚的11時以後，則其生日應爲三月二日，非三月一日的日柱。

有關干支的種種

走筆至此，所謂天干地支的庚申、戊寅等用語，能夠眞正了解的年輕人恐怕爲數不多吧。一般提及干支，大家可能都以爲指的是猴子、老鼠等十二生肖，但事實並非如此，但十二支之上還須要使用十干才行。例如十干的庚之下配以十二支的申、戊的十干之下配以十二支的寅。如同日柱一覽表上所示一般，從甲子到癸酉，一共有六十個。

以下簡單地解釋一下十干十二支的名稱及其意義。

十干

甲（木陽）　乙（木陰）　丙（火陽）　丁（火陰）

戊（土陽）　己（土陰）　庚（金陽）　辛（金陰）

壬（水陽）　癸（水陰）

十二支

時柱一覽表

癸 戊	壬 丁	辛 丙	庚 乙	己 甲	日柱上段 / 出生時間
壬子	庚子	戊子	丙子	甲子	午後11時↓
癸丑	辛丑	己丑	丁丑	乙丑	午前1時↓
甲寅	壬寅	庚寅	戊寅	丙寅	午前3時↓
乙卯	癸卯	辛卯	己卯	丁卯	午前5時↓
丙辰	甲辰	壬辰	庚辰	戊辰	午前7時↓
丁巳	乙巳	癸巳	辛巳	己巳	午前9時↓
戊午	丙午	甲午	壬午	庚午	午前11時↓
己未	丁未	乙未	癸未	辛未	午後1時↓
庚申	戊申	丙申	甲申	壬申	午後3時↓
辛酉	己酉	丁酉	乙酉	癸酉	午後5時↓
壬戌	庚戌	戊戌	丙戌	甲戌	午後7時↓
癸亥	辛亥	己亥	丁亥	乙亥	午後9時↓

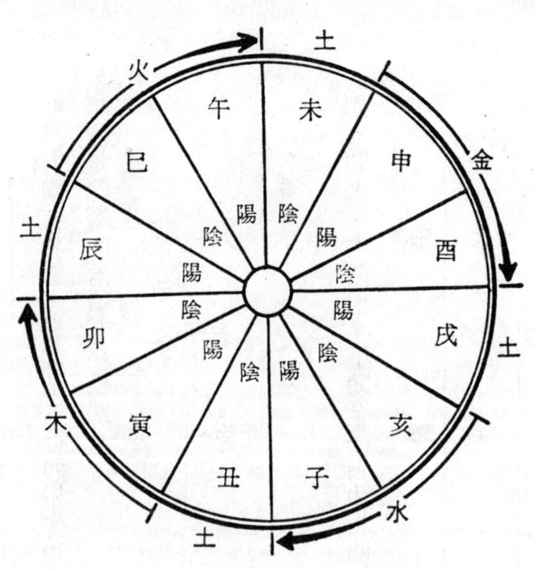

子鼠（水陽）　丑牛（土陰）

寅虎（木陽）　卯兎（木陰）

辰龍（土陽）　巳蛇（火陰）

午馬（火陽）　未羊（土陰）

申猴（金陽）　酉鷄（金陰）

戌狗（土陽）　亥豬（水陰）

十干或許較簡單，但十二支可能稍麻煩。因為木火土金水的五行，區分成陰陽，以十個配合十二個，但其數日却無法吻合。因此，把木火金水每二個之間套以土，但如此一來，却相當複雜。

不過，如果以圓盤顯示的話，不但簡單而且一目了然。

大家只要熟記十干十二支有陰陽，而且區分為五行就對了。

五行的功用

五行具有兩種功能，那就是五行的相生和相剋。

相生卽是隔鄰的兩項互相爲助。

木　火　土　金　水　木　火

生　生　生　生　生　生

例如木助火、火助土、土助金等相生相助的關係。相剋就是每間隔一個者互相爲敵對。

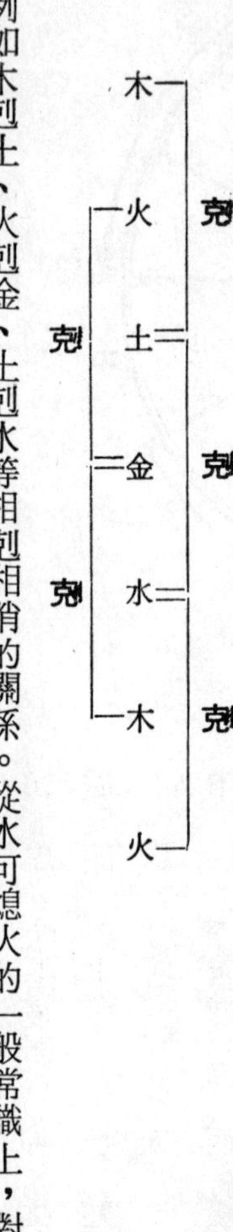

例如木剋土、火剋金、土剋水等相剋相消的關係。從水可熄火的一般常識上，對相剋的理論

必更加清楚吧！

相生相剋的道理，在以後的章節中再慢慢的說明。本章的最後再解釋五行的意義。

把生日改為農曆

利用紫微斗數的命運推算時，生日一定要改成農曆才行。請參閱書末所附的萬年曆。例如民國69年3月1日，農曆是1月15日。

中國自古以來，卽以農曆爲四季行事的準則，雖然現在的年輕一輩較少以農曆爲準，但是結婚喜慶及喪葬等大日子，仍是以黃曆爲準。

有了製造命運盤的基本知識，卽可用之於推演您一生的運勢如何了。現在我們複習一下民國69年3月1日午前六時出生的A君，所得結果如下：

年柱　庚申

月柱　戊寅

日柱　癸酉

時柱　乙卯

民國69年1月15日午前6時出生

舊曆

※請注意，往後的作業，其年、月、日皆以農曆為準。

製作命運盤

將出生年月日時改變成農曆，所有出生資料收集妥當後，接著就可以推演你自己運勢的命運盤了。命運盤由十二支和十六星十二宮組合而成，紫微斗數根據某支進入某宮或某星進入某宮等，來判斷一個人的宿命。

再加上操縱運勢强弱的十二運以後，必可預知您在何時會發跡行宏運。

以下，我們針對構成命運盤的十二宮、十六星、十二運的意義加以解釋說明。

十二宮

從命宮出發的反方向上，並列着兄弟、愛情、兒女、金錢、健康、移動、部下、職業、資產、福德、父母等十二宮。這十二宮一如字義所示般，都是關於兄弟、結婚、或孩子、金錢方面的事情，從移動宮中甚至可看出有無流浪癖，及前往國外出差的機會之多寡等等，其他數宮我們也以臨機應變，從廣濶的意義來解釋吧！十二宮所代表的意義大略如下：

命　宮‖是先天性宿命所居之處。從命宮可看出您一生的運勢流轉、才能、容貌、氣質。此時觀察此宮與其他各宮間的關連如何也相當重要。特別是位於身宮與命宮的對稱位置上的移動宮，以及相隔一間的金錢宮、職業宮，以及相隔兩間的兄弟宮或父母宮等更應詳加推算。

兄弟宮＝除了可看出與兄弟間的情感、關係（兄弟能否相親、有否福裕）之外，同時可看出你與朋友、同事間的人際關係如何。

愛情宮＝結婚之宮。戀愛或結婚運，配偶的類型，配偶的運勢或緣份、性格等等。

兒女宮＝可看出你的兒女運如何。

金錢宮＝可看出你的金錢運，但就更廣大的意義而言，金錢宮關係您一生是否有富裕的經濟環境。

健康宮＝可看出您一生的健康狀態如何。從那種星進入此宮，就可判斷您易患那種疾病。也可看出意外的災難與變故。

移動宮＝除了看出命運的變化之外，還可看出身邊的變化，住居的移轉、工作的變化、職業的轉換等等。是影響命宮的最重要因素。

部下宮＝是看出與部下或同事、朋友之間的關係之宮。可知道能否受部下愛戴、部下的能力有多少等等。

職業宮＝可看出職業運。與命宮、金錢宮作結合性判斷的話，必可看出一個人這一生所遭遇的命運之輪廓。並可預知能否求得與您的素質、能力相配的工作、或所從事的工作能否助您走上成功之途。

資產宮＝可看出是否能擁有土地、房子等不動產。住宅的買賣如何，也可依此宮來判斷。

福德宮＝從精神面來觀察您的一生。可預見一般性的幸與不幸，能否承受德性的惠賜以及壽命的長短等。

父母宮＝可看出個人與雙親間的關係如何，也是協助命宮的最重要關鍵。同時更可看出父母親的運勢如何。

這十二宮決定您一生的運勢如何，同時更依十二支在十二宮的配置如何，其中有何星進入等等，以左右這一生的運勢。

決定您命運的十六星

本來，紫微斗數是以紫微星爲中心，配合北斗七星、南斗七星，再配以閃耀於天頂的群星，合計共六十三顆星星，巨細無遺地道出個人一生的命運。但這本書因爲是屬於較簡易的入門書，所以單列舉出其中最具決定性的十六顆星。並依此十六星進入十二宮之中的何宮而推演。

所謂十六星，是指中天的中心星、太陽星、以及相當於月亮的太陰星、北斗主星的紫微星、南斗主星的天府星以及北斗六星、南斗六星等等，都各具特殊的意義，並根據這十六星中的某星，進入十二宮的那一宮，而決定個人各個階段的吉兇如何。

十二運

一個人的運勢中，有十二個強弱期，那就是長生、沐浴、冠帶、建祿、帝旺、衰、病、死、墓、絕、胎、養等十二個時期。

人類從「長生」中樹立獨立性的生計「建祿」，無論生存於什麼樣的人世間，從「沐浴」開始在胎內洗濯所有不潔的汚垢，進而迎接成人之禮「冠帶」，然後登上人生的高峯「帝旺」，然後逐漸「衰弱」而「臥病」在床。接著等待「死亡」之神的接引，進入墳墓之內，永遠與現世「隔絕」，然後，再於「胎內」產生新的生命，等待「培養」重新出現於人世間的那一天之來臨。

基於生死輪迴思想的十二運之強弱，到底進入你的命運盤上的那個位置，據此就可以預見你一生運勢的流轉，人生的波浪到底有多大的起伏。

形成命運盤的三大要點——十二宮、十六星、十二運已經簡明地介紹過了。接下來，我們就實際上排列個人的命運盤，到底應依什麼樣的順序，稍加說明。

紫微斗數所使用的命運盤，可顯現十六星以及個人一生命運的流轉，因此，讀者諸君無妨應用本書附錄的命運盤或自製更大的命運盤，以便推算您今後一生的運勢起伏到底如何。

①決定命宮之所在

首先，我們得查出我們的命宮在十二支裏面的哪一支。

命宮是十二宮之一，同時也是先天性宿命停留之處，更是預見一生命運起伏的出發點。四柱推命雖也有「命宮」的存在，但是「探出」的方式稍有不同，請各位一定要留心注意才行。

命宮是從您生月的十二支與生時的十二支之中推算出來的，請利用附錄的命宮盤自行推演。命宮盤內側與外側相互逆轉。請將內側的盤（B盤）的「子」的位置對正您的生月的十二支。例如民國69年3月1日出生的人，其生月的十二支屬於戊寅，因此應把內側的「子」對正外盤的「寅」。

接著再看看您出生時刻的十二支之位置，到底位於外盤的哪一支。

前述三月一日出生的A君，其出生時間爲乙卯，從內側盤卯的位置上，可看出正好與外盤的「亥」相合，這個「亥」就是這位A君的「命宮」之所在。

✤ 決定您一生命運的十六顆星 ✤

紫微星	北斗主星	消除邪惡帶來福運之星。
天府星	南斗主星	主管財政和福壽以及解惡運之星。衣食住之神。
太陽星	中天主星	最尊貴之星，相當於火精。
太陰星	中天主星	相當於月亮之星。清澈而易移動的水之精。

北斗六星	武曲星	掌管錢財之星，暗示激烈的變化與鬪爭。
	文曲星	掌管學問、藝術、顯現穩健運勢之星。
	巨門星	重視物質忽略心理，主破壞與別離之星。
	貪狼星	在所有層面上顯示旺盛的欲望，災厄之星。
	廉貞星	氣慨旺盛之星，有將積極性轉爲無禮之慮。
	破軍星	冷酷兇暴的劍魔之星，暗示流浪的宿命。

南斗六星	七殺星	權力之星，頑固毫不通融而導致災禍。
	天梁星	掌握壽命，權威與文章之星。
	天機星	穩重仁德之星，掌握智慧之星。
	天相星	圓滿、溫厚、愛好和平與美的豐富之星。
	天同星	溫和而賜與所有的福氣的吉星。
	文昌星	掌管學問藝術之星，能賜與豐衣足食。

命宮的找出法

①將內側盤的「子」的位置，對準外側盤的生月的「支」上。
②與內側的生時的支相重合的外側盤的「支」之位置，即您的命宮所在。

命宮找出來後，立刻在命運盤十二宮上，寫上您命宮所在的位置。（請參照第43頁的圖）。

命宮決定之後，再於支上定出「干」。因為干支不齊備就不算是嚴謹的推算了。干的定出法，請參照下表。

生年的干與命宮的支交叉之處的干，即是您命宮上的「干」之所在。

民國69年3月1日出生的話，屬於庚申年出生，從庚列往下看，亦即「乙．庚」那一列往下尋找，與命宮的支「亥」相交叉的地方在「丁」，此「丁亥」就是這個人命宮的干支。

接著我們再找出丁亥的干支，到底屬於木火土金水五行之中的哪一個。利用「納音五行表」即可找出干支屬於五行中的何行。民國69年3月1日出生的人屬「丁亥」，根據五行表，丁亥屬於「土」。讓我們再確定一下。

民國69年3月1日出生的人命宮是「亥」，干支屬於土性的「丁亥」。

〈納音五行表〉

水性	金性	土性	火性	木性
甲申	辛巳	戊申	丙寅	己亥
乙酉	甲午	己酉	丁卯	壬子
壬戌	乙未	丙戌	甲辰	癸丑
癸亥	壬申	丁亥	乙巳	庚寅
丙子	癸酉	庚子	戊午	辛卯
丁丑	庚戌	辛丑	己未	戊辰
甲寅	辛亥	戊寅	丙申	己巳
乙卯	甲子	己卯	丁酉	壬午
壬辰	乙丑	丙辰	甲戌	癸未
癸巳	壬寅	丁巳	乙亥	庚申
丙午	癸卯	庚午	戊子	辛酉
丁未	庚辰	辛未	己丑	戊戌

干的找尋法

生年的干 / 命宮	甲・己	乙・庚	丙・辛	丁・壬	戊・癸
子	甲	丙	戊	庚	壬
丑	乙	丁	己	辛	癸
寅	丙	戊	庚	壬	甲
卯	丁	己	辛	癸	乙
辰	戊	庚	壬	甲	丙
巳	己	辛	癸	乙	丁
午	庚	壬	甲	丙	戊
未	辛	癸	乙	丁	己
申	壬	甲	丙	戊	庚
酉	癸	乙	丁	己	辛
戌	甲	丙	戊	庚	壬
亥	乙	丁	己	辛	癸

身宮的找出法

①內側盤的「子」的位置，對正外側盤的生月的「支」。
②與內側盤的生時之支相重合的外側的「支」之位置，即您的身宮所在。

②決定身宮

命宮是個人先天性宿命的停留場所，相對的，個人後天性的資質、肉體等等，可說是儲存宿命的盛器者，就是身宮。

身宮從個人生月的十二支與生辰的十二支之中演算而來。請利用本書所附錄的身宮盤。

決定身宮的方法與命宮的決定法相似，但內側的十二支與外側的十二支都須朝着相同方向旋轉。將身宮盤內側的「子」，對正外側盤的生月之「支」，與內側盤內您的生辰時刻的「支」相合的外側盤十二支，就是您的身宮所在。

以民國69年3月1日出生的人爲例，因生月十二支屬於寅，將內側盤的「子」對準寅，而生辰時刻爲十二支中的「卯」，外側盤的「巳」正

十二宮盤

對準內側的「卯」，所以這個人的身宮在「巳」。

命宮所在也應寫於命運盤上，但我們先將十二宮全部定出位置。

③決定十二宮

十二宮可以說是製定命運盤的基本，也就是從命宮到兄弟、愛情、兒女、金錢、健康、移動、部下、職業、資產、福德、父母等，左右您一生命運的十二項事體。（十二宮所代表的意義請參照前述）。

製定命運盤的第三道手續，是找出在這十二宮之中，十二支的配置情形如何。十二宮的順序，一如上圖十二宮盤上所排列一般，是以①的命宮之十二支為基準，其餘十一宮的支，自然就能簡單的找出來。

例如前述民國69年3月1日出生的人，命宮在「亥」，其左鄰兄弟宮則為「戌」，再左鄰的愛情宮為「酉」，就像這樣的依次類推。以命宮為出發點，依序寫出剩下的十一宮，完成命運盤的十二宮定位。

當然，紫微斗數是以哪一支進入哪一宮內，或下章所列的十六星進入哪一宮內等等為基準，以判斷您一生的運勢變化，不僅如此，如手續②找出的「身宮」，到底位於哪一宮內，也是運勢判斷的重點之一。

以民國69年3月1日出生的A君為例，我們可獲得如下的運勢判斷。因為他的命宮在「亥」，亥在五行中屬「水」，在陰陽中又屬「陰」，因此，從先天的宿命而言，可以說這個人可能渡過寂靜悄然的人生。但亥的十干屬於丁，應算「丁亥」，丁亥在「納音五行表」屬於「土性」，這也是重要的判斷根據之一。

另一方面，觀察後天性一生運勢的身宮在於移動宮內，暗示此人搬家、轉業的頻繁，以及遠離家庭外出謀生等命運。同時，腦筋的回轉迅速，或許從事知識性的工作較多。又亥所表現的「水」，也暗示着智慧與「性」。

五行的意義

前面提及「水性」者的先天運勢，因此我們再對五行代表的意義稍加說明。

木＝東、春、朝、生、青、仁、暖、寅卯。

火＝南、夏、晝、旺、赤、禮、乾、巳午。

土＝中央、鈍、黃、信、風、辰未戌丑。

金＝西、秋、夕、殺、白、義、寒、申酉。

水＝北、冬、夜、死、黑、智、雨、亥子。

有關木火土金水含意的文字，大抵如右文的排列。

換句話說，木與人的感受宛如晴朗的青空，而且又如春天早晨般地朦朧，因此性格必屬溫暖。火當然一如盛夏的太陽般的酷烈。禮節方面也嚴肅吧！

土位於中央，穩若泰山。可渡過安穩的人生，其他的木火金水各協助土性的人。

金是堅强的硬漢，但如同堅硬的金屬也被火所溶化一般，因此也暗示着屬金的人輭弱與無常的一面。水一如上述，暗示着智慧與「性」。

您的命宮屬哪一行呢？從本段的解釋，也對自己可有稍許的判斷吧！

第二章 算命的前奏

找出您的命運之星

紫微星是最尊貴之星

紫微斗數命相術是以紫微星爲中心，加上北斗七星、南斗七星等「斗星」，再配合中天的亮星，共六十三顆星，從這六十三顆星的作用來斷定個人先天的宿命以及後天的命運流轉。

紫微是古代中國天文學中，指位於北斗七星之北，以小熊座爲中心的星座群而言。也就是等於支配廣濶天界的所在，一般視之爲天帝之座，同時也是最爲尊貴之星。

日本江戶時代著名的國學者平田篤胤對古事記中記載的「高天原」究竟在何處，頗有爭論，他以灑脫的精神及橫溢的文才，如此寫着：

「所謂高天原……在天空的上界，也就是在北極的上方，紫微垣（紫微的正式名稱）之內。紫微附近爲高處的極限，天界的正中央，唯有此處才配稱爲高天原」。

以紫微星爲中心，上至北斗下至南斗間的群星名稱，都以古代中國天文學用語爲準，其中如北斗七星的各星名稱一般，密敎的北斗曼荼羅也使用此種名稱。

以下我們先從定出紫微星開始吧！

找出星辰

①尋找紫微星

查閱一下您的紫微星進入十二支之中的何支。

首先，您命宮的干支屬於五行中的哪一行呢？請翻開前面的納音五行表，再確認一次。民國69年3月1日出生的A君，命宮為丁亥，所以屬「土」，您的命宮屬木、火、土、金、水裏面的哪一種個性呢？

命宮的五行查出後，請再看後頁的那張圖表，請從這五張圖表中找出與您命宮的五行相符的一張。表上詳列出生日期，您生日（請注意是農曆）所在的十二支，卽是您的紫微星的支。請在命運盤上，寫下您的紫微星所在之宮，請參照後頁。

以3月1日出生的A君為例，農曆應為1月15日生日，在「土性」的圖表上尋找「15日」，則在於「辰」那一支。換句話說，A君的紫微星在「辰」。因此，應把A君的紫微星寫在命運盤的「辰」那宮內。

紫微星是可廣賜福運的天帝之星，無論位於何宮，都能充份地完成身爲大吉星的功能，但因本來屬於「陰」的「土」，所以如位於「未」或「丑」宮內的話，則更能完全地發揮它的效果。

此外，如大凶的凶星與紫微星並列於同一宮內，其凶性亦可被紫微星化消。

② 由紫微星所導出的六顆星

——天府星、天機星、太陽星、武曲星、天同星、廉貞星——

以紫微星爲基礎，參閱第37頁的一覽表，則又可導出六顆星的十二支。

首先，從一覽表中央的十二支之中，找出您的紫微星的支。在中心處找出紫微星的支以後，其後六星的十二支很容易的就可以找得到。

例如紫微星位於「未」的話，天府星則在「酉」，天機星在「午」、太陽星在「辰」、武曲星在「卯」、天同星在「寅」、廉貞星在「亥」。

前例的A君，民國69年3月1日出生，紫微星在「辰」、天府星則在「子」、天機星在「卯」、太陽星在「丑」、武曲星在「子」、天同星在「亥」、廉貞星在「申」。

可是每一星辰，各具有能夠發揮最大效用的十二支存在。

例如，天機星在陰陽五行中屬於「陰」的「木」，因此，同屬於「陰」、「木」的「卯」宮

紫微星的找出法

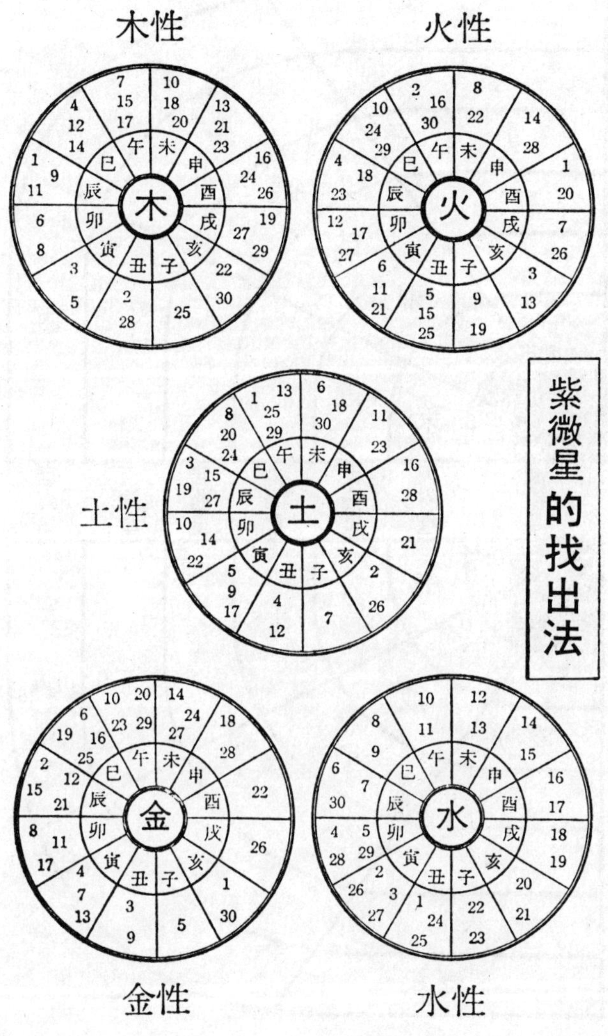

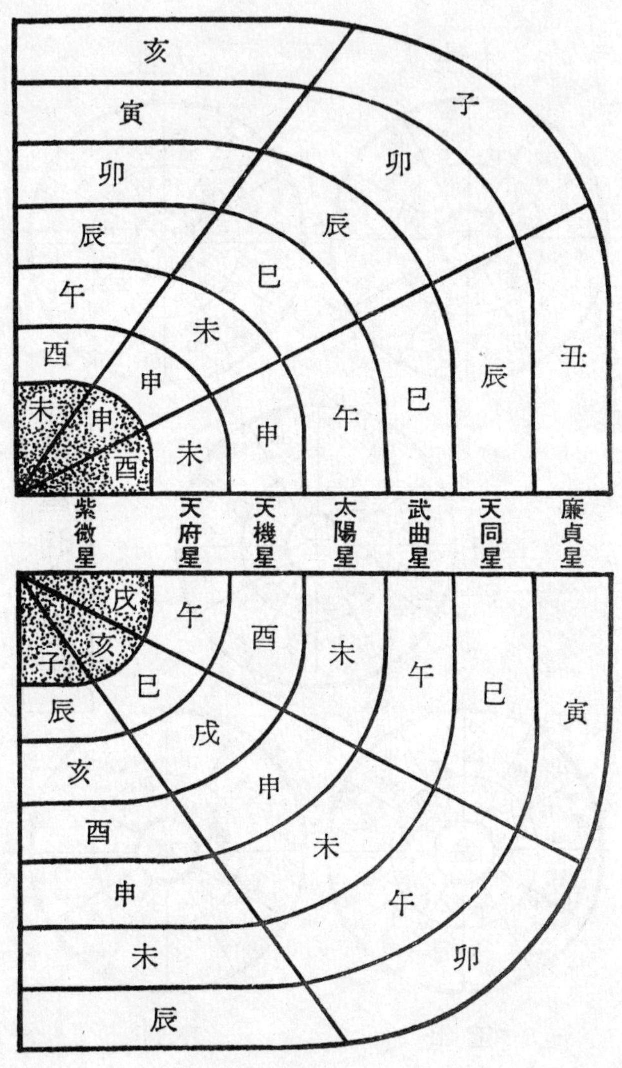

亥
子
寅
卯
卯
辰
辰
巳
午
未
丑
酉
辰
申
未
申
巳
午
申
酉
未
紫微星
天府星
天機星
太陽星
武曲星
天同星
廉貞星
戌
午
亥
酉
未
子
午
巳
巳
寅
辰
戌
亥
申
酉
未
申
午
未
卯
辰

由紫微星導出的六星

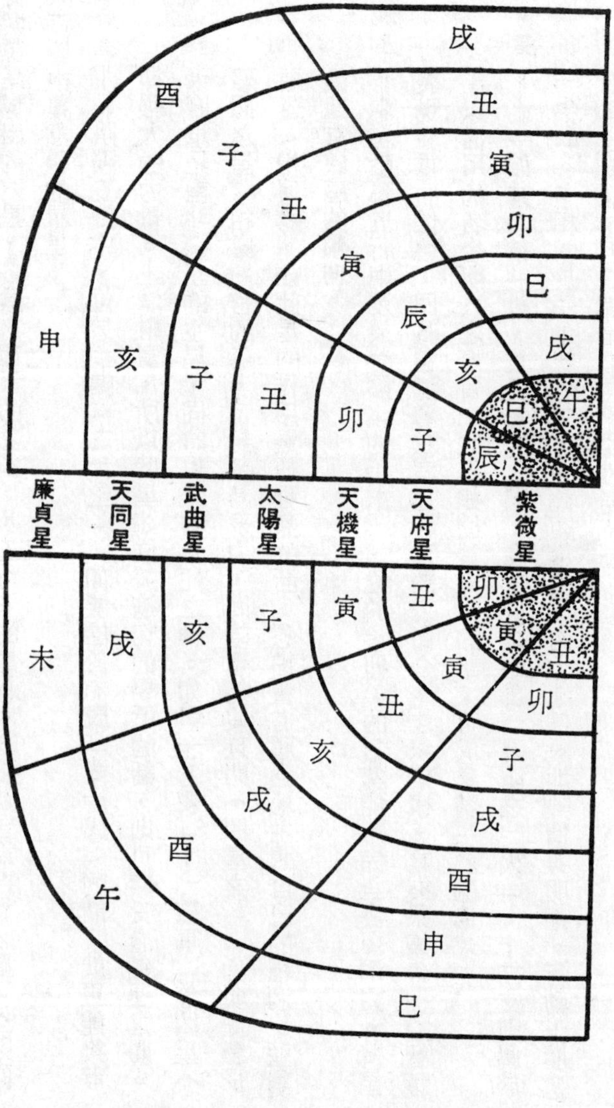

戌 丑 寅 卯 巳 戌 午
酉 子 丑 寅 辰 亥 巳 辰
申 亥 子 丑 卯 子

廉貞星 天同星 武曲星 太陽星 天機星 天府星 紫微星

卯 寅 丑
未 戌 亥 子 寅 丑 寅 卯
丑 亥 子
戌 戌
酉 酉
午 申
巳

，應該是最適合天機星的位置。

從紫微星導出的六星，各具有如下的功能，及五行上的意義。◎記號者爲吉利之星。△則同時兼具吉凶兩種意義的星星。

◎天府星——陰陽五行中，位於「陽」之「土」，如能位於「辰」或「戌」的話，就更能夠發揮强大的力量。土掌財富，所以此星如位於適切的場所的話，則可蒙受金錢運之賜。天府星是南斗七星的主星，同時也是衣食住之神。如與「七殺」、「破軍」等凶星（邪惡之星）相處一宮的話，可封鎖其邪力，同時也能使巨門（凶星之一）的災禍變成福運。相反的，如此星的作用過於强烈的話，您怕會有頑强地主張自己的權利，並對賺錢有敏感的傾向。

◎天機星——在陰陽五行中屬於「陰」的「木」，位於「卯」的話就能夠完全發揮潛力。此星表現穩重的仁德，同時也能導致幸運。富於忍耐心，才氣縱橫，具有聚集各樣的智慧予以活用的名企劃人之素質。此星如位於身宮的話，可成熟精一藝的偉才。

◎太陽星——一如其名稱一般，是炙熱的太陽，在五行之中屬「陽」之「火」，十二支則屬於「午」。午相當於子午線的午，因此顯示出如南方地帶般地熱情與明朗。行動上屢遇幸運的機緣，但缺點是有時稍爲性急。

△武曲星——從北斗七星的杓口處往下數的第六顆星。屬五行內的「陰」「金」，能進入十二支的酉，則能完全發揮效力。此星如進入合適之宮，其人必能享長壽之福。同時此星可導致錢財，因此進入金錢宮最理想。此星如在金錢宮內，必是生來大富大貴之型的人。

但武曲星是屬五行的金，所以信念堅强，人格正直，但缺點是毫不通融。此外五行的木、火屬陽，金、水屬陰，金正處於陽轉陰之際。而武曲星又屬陰，所以又隱含着變革的意思。因此武曲星又暗示着激烈的變動與鬪爭，如與凶星同宮的話，或許會遭遇意外的大禍。

◎天同星——穩重的吉星。南斗第四星。屬五行中的「陽」「水」，如位於十二支的「子」處則更能發揮吉運，但無論位於何宮或遭遇什麼樣的凶星，都無損於其福運。

命宮如有天同星，可受人德之賜，行動充滿善意，可享長壽。此外容姿端麗，才氣縱橫等資質自不在話下，是不可多得的福星。

△廉貞星——依字面解釋爲廉潔方正之星，但事實上並不如此單純，這就是紫微斗數有趣的地方。

廉貞星爲北斗的第五星，屬五行的「陰」「火」。如位於「巳」宮，則更能發揮強烈、旺盛的火德，以及積極性的性格。雄辯滔滔，表現力也高超。

但此星如進入不合宜之宮，或與凶星同宮的話，則僅只火「陰」的部份被強調，火的特徵之一不遵守禮節，及陰氣點燃高張的嫉妒之焰等特性完全發揮，多導致不吉利的後果。

我們把A君（民國69年3月1日出生）的六星塡入他的命運盤內。

從A君命運盤六星的分配位置，且看看他的運勢如何吧！

六星中心的紫微星位於部下宮，可見A君可受部下或使用人之惠，能受屬下的幫助而成功。或許能掌握優秀的部下之助，而成就一番偉業。

天府星在父母宮，所以A君的雙親必熱衷於貨殖買賣。但武曲星又同宮，因此可見A君雙親爲求利益不擇手段，可能是相當吝嗇的人物吧！雙親的壽命也很長。

天機星在職業宮，其十二支爲卯，因此更能完全發揮天機星所具有的穩健仁德。天機星入職業宮，可見他能立於他人之上，居於領導的地位吧！

太陽星進入表現A君精神面的福德宮。因此A君是快活明朗、行動性的性格之人。吉星之一的天同星是進入金錢宮，金錢方面必很充裕。金錢的往來相當富足，或許是承受父

〈例〉 民國六十九年三月一日出生的A君

（農曆1月15日）

①命宮的十二支屬——亥

②身宮的十二支屬——巳

③決定十二宮。

④紫微星在辰。

⑤從紫微星導衍出六星。

依以上的順序，完成如下圖的一半命運盤。

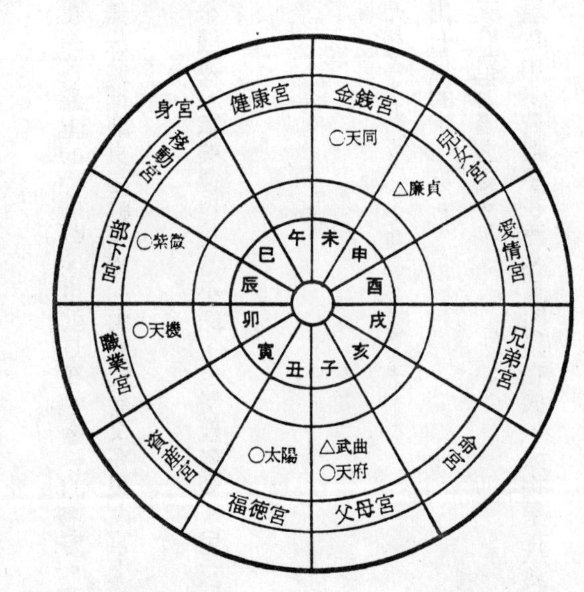

母親橫財的餘德吧！

最後的廉貞星，屬火之星，A君的廉貞星在命運盤上的「申」，也就是在「金」的地方。一如17頁所述的五行關係，屬於相剋性質。因此無法發揮廉貞星的長處。由於此星又在兒女宮上，所以A君恐無法得到兒女運之賜。

從六星的配置上來看，A君的人格優秀，金錢運、職業運也相當不錯，但雙親吝嗇、兒女運也弱，可見他無法從家庭內承受多大的賜惠。

③由天府星導出的七顆星

——太陰星、貪狼星、巨門星、天相星、天梁星、七殺星、破軍星——

以天府星爲基礎，依下頁的一覽表，可找出七星的十二支。

首先從一覽表中央的十二支處，找出您的天府星所屬之支。

例如，假定您的天府星在未的話，則太陰星在申、貪狼星在酉、巨門星在戌、天相星在亥、天梁星在子、七殺星在丑、破軍星在巳。

我們再次以民國69年3月1日出生的A君爲例。A君的天府星在子，則其太陰星在丑、貪狼星在寅、巨門星在卯、天相星在辰、天梁星在巳、七殺星在午、破軍星在戌。其中，從五行的關係上來看，位於寅的貪狼星，正好進入最足以發揮長處的位置。可說相得益彰。

從天府星導出的七顆星，各具有其本身及在五行中的含義。◎記號爲吉星、×是凶星、△是兼具吉凶雙層意義。

△太陰星——太陰與太陽相對，意指月亮而言。由於在陰暗中發出光輝，所以適於陰的場所——酉、戌、亥、子，其中以屬於「陰」「水」的亥最恰當。相反的，屬乾熱場所的陽卯、辰、巳、午，則不適於太陰星的存在。

此星如進入合宜的位置，可發揮五行中「水」的長處，充滿聰明才氣、冷靜，且是瀟洒的人。如位於不適當之處，則如流水般地漂泊不定，渡過波濤萬丈的人生。當然也必愛好旅行。

△貪狼星——貪狼意爲「如狼般地貪婪」。俗語也有云：「餓狼撲羊」、「狼入羊群」等等，都是表現貪婪的姿態。貪狼星在精神上、物質上，甚至於性生活上的慾望都很旺盛。

此星另一方面的性格是求知慾旺盛，不斷地吸收各方面的知識，勤學不斷，在探究人生奧秘的道路上勇往直前，但相反的，對於他人的東西，非用盡手段奪到手絕不罷休。

貪狼星是相當激烈的一顆星，相當於北斗七星的第一星，屬於「陽」「木」，具

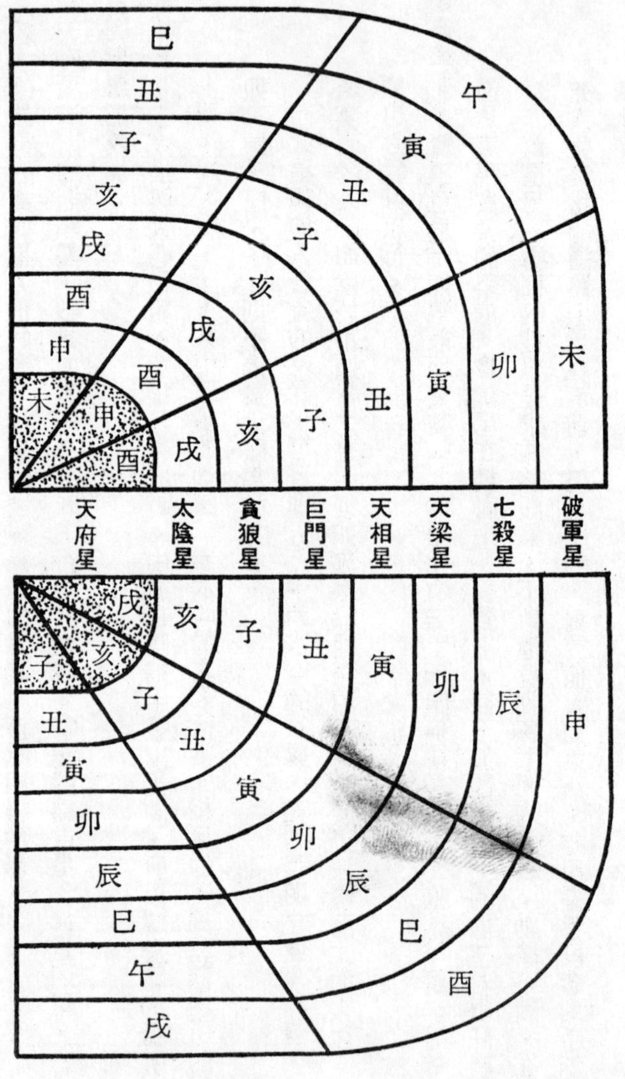
巳
丑
午
子
寅
亥
丑
戌
子
酉
亥
戌
申
卯
未
酉
寅
未
申
丑
子
酉
戌
亥
天府星
太陰星
貪狼星
巨門星
天相星
天梁星
七殺星
破軍星
戌
亥
子
丑
寅
卯
辰
申
子
亥
子
丑
丑
寅
寅
卯
卯
辰
辰
巳
巳
午
酉
戌

由天府星導出的七星

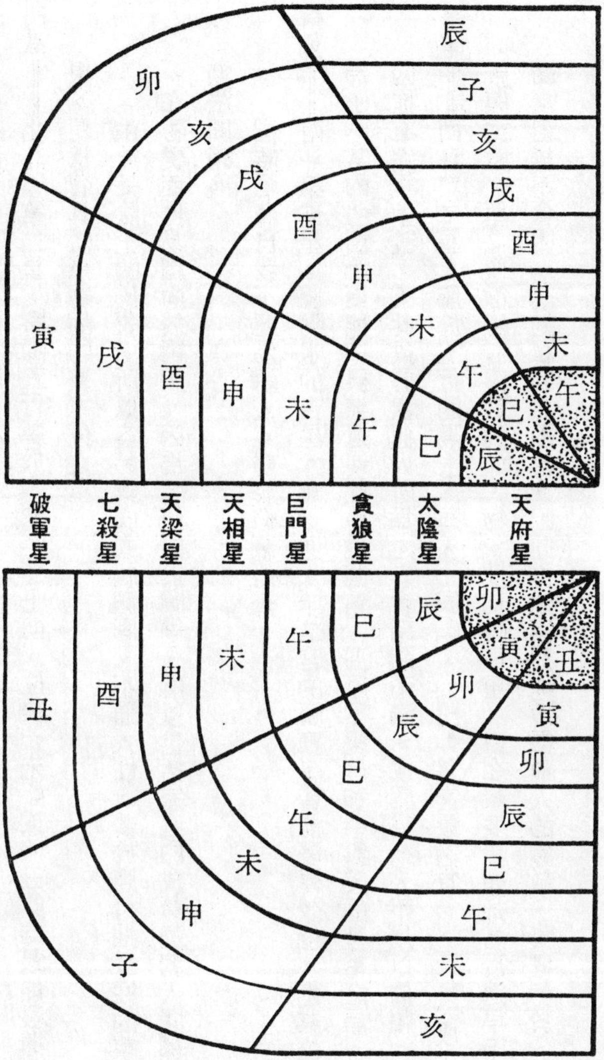

破軍星　七殺星　天梁星　天相星　巨門星　貪狼星　太陰星　天府星

有消災的功效。進入寅宮的話可發揮强力的效果。因此貪狼星可說等於同時具有吉凶兩方面的能力之星。

×巨門星——北斗的第二星，陰陽五行屬於「陰」「土」。位於「未」或「丑」時最能發揮效果。是掌管具體事物的物質本位之星。

由於受陰土的影響，所以容易變成頭腦頑固，不通人性。苦於應付抽象性的事物，在物質面也易趨向於衝突。因爲易傾向於鬪爭，所以包括家庭內成員的對人關係也無法圓滿。

同時隱藏自我不輕易示人。善於矇蔽他人。

◎天相星——南斗第五星，屬陽水的吉星。無論進入十二宮的哪宮，皆能發揮效能。尤其位於「子」宮內的話，更能一展無遺。此星是圓滿、溫厚、愛好和平與美的豐裕之星。但因抱有完全主義，因此或許對他人所爲之事會感到不滿，或認爲他人不足以倚賴。

◎天梁星——南斗第二星，屬於五行的陽土。進入「辰」、「戌」之宮最適宜。掌管壽命、權威與文章之星。像徵擁有權勢的大人物。性格雖穩重，但在緊要關頭却易於過早下決斷。但絕不會因一己的私利而鑽營。因此自然而然地獲得他人的尊敬，集權勢於一身。

先天上卽得文筆流暢之惠，運動方面更屬全能。不過，因爲善於外務，白天在公司或學校內過於和言悅色地與同事同學交際應酬，以致晚上回到家後，孤獨而精疲力竭，冷落了妻女。這就是身爲大人物的缺點。

×七殺星——南斗第六星，屬五行的陰金。如進入「酉」宮的話可發揮强大的威力。此點與北斗的武曲星相似，但其爲凶星時的禍害則較武曲星爲烈。

與武曲星同爲代表權勢之星，但由於不通人情而頑固，所以常導致自做自受的後果。尤其是女性，好勝心不下於男人，家庭內常因此而騷擾不安。

×破軍星——北斗第七顆的著名凶星。北斗的最尾部被視之爲劍尖，自古以來，劍尖所指之處卽被視爲將發生不幸的禍端。

此星宛如魔劍一般，絕無人心的溫馨，滿佈冷酷兇暴的行動。

屬五行的「陰」「水」，進入亥宮可完全發揮效力，但由於皆受「水」的不吉利影響，因此身心都不得安寧，註定流浪的命運。

我們再來檢討民國69年3月1日出生的A君，其七星的影響如何。

從七星的配置上，A君的運勢如何呢？從上述各星在各宮內的暗示，我們可獲得如下的判斷。

A君的太陰星在丑，吉凶都無法成立，但因位於福德宮，而且又與幸運之星太陽星同宮，據此，我們可判斷A君的太陰星爲吉星，可享豐裕的人生。

貪狼星在寅，正好進入適當之所，必發揮强大的功效。可見慾望極爲强烈。貪狼星在資產宮，可判斷此人的物慾較他人更勝一籌。簡直可說貪欲一般，不斷地購置房子、土地等不動產。

凶星之一的巨門星進入職業宮內。暗示着職業方面的衝突和競爭不斷。但吉星之一的天機星也在職業宮內。

像這樣，吉星與凶星同處一宮時，很容易混淆我們的判斷力。這個時候，要從吉星與凶星兩者之間，何者所發揮的效果較强來下判斷。方法雖然很多，但最適切的方法，是依該星的陰陽五行與該宮的陰陽五行之相配性如何來決定（該星所入之宮是否合適之宮或不合適之宮），並視何星在該宮發揮更大的效能。勢力較强的星所表現的暗示應更受重視。

對照72頁，您就能知道哪一星在哪一宮內可發揮最大的效果。

例如，A君的巨門星屬陰土，天機星屬陰木，這兩星同處的職業宮在卯，相當於陰木，因此，吉星的天機星的作用較强烈。依强弱表來分析，卯之宮內，天機星强，而且也是巨門星可發揮效果之處。所以我們對A君的職業運可獲得如下的解釋：「可任爲策劃者而成功，偶爾也會與他人衝突，但卻沒有致命的危險」。

〈例〉民國六十九年三月一日出生的A君

（農曆1月15日）

⑥依文中的次序導出進入每一宮的星，但同時有兩個以上的星進入一宮之內的時候，應如何判斷呢？

以A君為例，屬「子」的父母宮，屬「丑」的福德宮，屬「卯」的職業宮都雙星同處。

此時請參閱72頁的十二支別的星運強弱表，視同宮中的何星較能發揮強力的作用，以判定該人該宮的運勢如何。

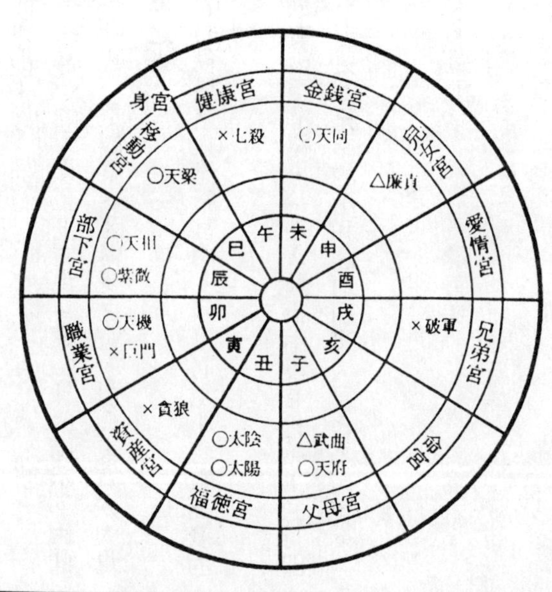

天相星在部下宮。最尊貴的吉星紫微星也在部下宮，因此A君可因部下而大富大貴。無庸害怕被部下所出賣，所以大可以安心的把一切事情託與部下。

部下宮所顯現的暗示，也依然在主宰移動宮（身宮）的天粱星上表現一模一樣的暗示。因此，A君稍留意的話可望當上一個大人物。移動宮（身宮）是觀察命運轉變之宮，而代表寬宏大量的天粱星正進入移動宮，由此可見A君是得天獨厚之人。

A君的缺點，是容易使人誤入自作自受之途的七殺星進入健康宮內。所以必須小心被輕度的疾病所纏。

此外，不吉的凶星，破軍星在兄弟宮內。此象有兩種解釋，一是A君命中沒有兄弟，二是卽使有兄弟，兄弟的緣份也薄，無法互相提携，說不定更因兄弟的不和睦而引發大禍也有可能。

④從出生時間引導出的二顆星

——文昌星、文曲星——

文昌星、文曲星等二大吉星，由下表導出。

首先，請從下頁圖中，找出您的出生時間。以您的出生時間爲基準，卽可找出您的文昌、文曲兩星位於十二支內的哪一支。以午後一點至三點之間出生的人爲例，則其文昌星在卯，文曲星在亥。

以民國69年3月1日出生的A君爲例，其出生時間爲午前6時，從表上可看出，其文昌星與文曲星皆在「未」之宮內。「未」宮相當於A君的職業宮。再把這兩星記入命運盤上。文昌星與文曲星各代表什麼樣的意義呢？

◎文昌星——屬於陰陽五行

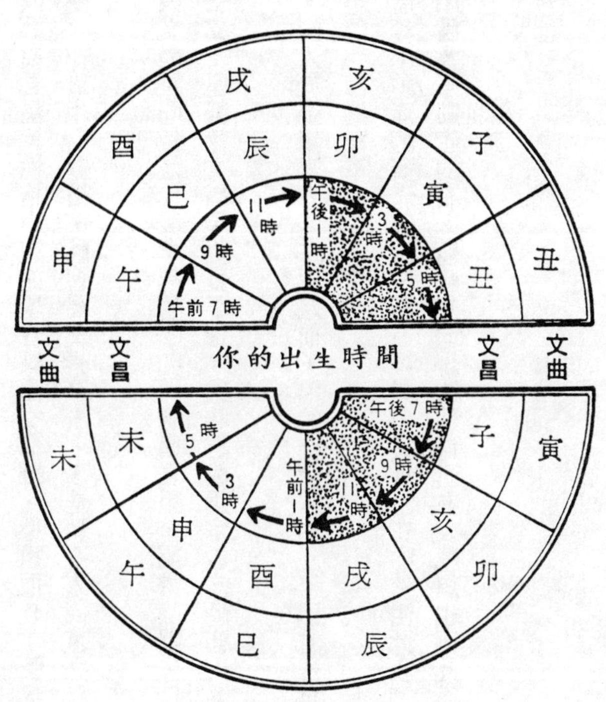

的「陰」「金」。在西宮內可發揮最强烈的效力。相當於南斗五星。此星一如字面的含意，是主宰學問與藝術之星。性格也宛如學者般溫文儒雅，穩重而且才優。同時不用擔心衣食住的煩惱，物質生活豐裕，社會名望崇高……是顆令人羨慕之星。富有獨立心。

◎文曲星——北斗第四星，與文昌星同樣是代表卓越的學問與藝術之星，屬於陰陽五行的陰水。亥是最適宜的十二支。運勢較文昌星更爲平穩，同時有成爲宗教家的傾向。

以A君爲例，這兩顆吉星，同入於金錢宮內。在此之前，他的金錢宮內，早已有吉星之一的天同星存在。由此可見A君的金錢非常的富裕。

遺憾的是，代表土地、房屋等不動產的資產宮內，却有凶星的貪狼星在內。由此我們可以判斷A君的金錢運得天獨厚，但如涉及不動產的話，他必想盡辦法佔爲己有，麻煩也因此而層出不窮吧！

⑤決定十二運

所謂十二運已一如前述，代表您運勢上的十二個强弱時期。與紫微斗數同爲中國古典性的算命之一的四柱推命，也同樣地使用這十二種用語，以說明個人運氣的强弱。

十二運的名稱及其所代表的含義，一如下述。

長生——生命的誕生。沒有任何事比一個新生命的誕生更教人歡欣了。至少我們祝賀這個新生命源遠不息而享長命富貴。當然這是吉兆。

沐浴——這是源自於淸洗胎內帶出的汚垢之思想，意卽誕生的大事之後，稍事休養生息。無論作何解釋，一旦活動停止的話，根本毫無吉凶可言，屬普通的命運。

冠帶——戴冠結帶……這是古人成年男子在行戴冠之禮時的裝扮。是代表著成年的標誌，値得慶賀的暗示。

建祿——獲得奉祿之意思。得到社會性之認可。從此之後卽可綻放人生的花朵，在十二運之中，建祿是運勢最强的一個。

帝旺——運勢達到最高點。到達顚峯以後，緊接着墜落是必然的現象。運勢雖然是很强，但內藏崩毀的凶兆，因此不可樂觀地等閒視之。

衰——從强健上遽然掉落，不用說當然屬於衰頽之運。

病——意爲身體的抵抗力衰微易受疾病入侵，當然也是弱運。

死　——也是弱運。

墓　——從常識性判斷，墓也是不吉利的暗示，再仔細分析，可知道運勢已然到達非休止不可的階段了，因此可說是安定性的運勢。與其判斷此運是屬吉運或凶運，倒不如說是與沐浴一樣，靜止不動的非凶非吉之尋常運勢。此外，「墓」是把最重要的「東西」埋入洞穴內的意思，因此如果墓進入金錢宮或辰、未、戌、丑等各宮內的話，可判斷此人相當的吝嗇。

絶　——進入墓穴內的遺體，不多久就重歸塵土與草木同朽。等於是化爲烏有了，因此這個「絕」，是十二運之中最爲衰頹的運勢。與建祿處於正反面的位置上。

胎　——生身的肉體消失以後，離開肉體的無形生命，仍尋找新的肉體，做爲靈魂的歸宿。其生命力不知屬於何類，因此，這是吉凶難卜的尋常運。

養　——在新的肉體內培養着的新生命，正等待着出生的瞬間。在準備出生之前的時間內，也是吉凶難卜的尋常運。

依十二運的强弱分析，可獲得如下的結論。

强運——長生、冠帶、建祿、帝旺。

常運═沐浴、墓、胎、養。

衰運═衰、病、死、絕。

這强弱不同的十二運，在您命運盤的十二宮上如何排列呢？請參考58頁，依您的出生年，以及命宮的五行，卽可排列出來。

首先，依出生的年別，分爲順運和逆運。所謂順運是男子在陽年出生（甲、丙、戊、庚、壬之年），以及在陰年出生的女子（乙、丁、己、辛、癸之年）而言。逆運則相反，在陰年出生的男子（乙、丁、己、辛、癸之年）和陽年出生的女子（甲、丙、戊、庚、壬之年）都屬於逆運。

從出生年的干支，找出自己屬順運或逆運之後，接着再回想一下您命宮的五行。您的命宮屬五行木、火、水、金、土中的哪一項，依此就能夠在十二宮中排出您的十二運之配置。順運的人依表1爲準，逆運的人依表2爲準。

以民國69年3月1日出生的A君爲例。A君的出生年干支爲庚申。庚屬於陽年，A君又是男性，所以應爲順運。又A君的命宮屬丁亥，五行屬於土性，因此，依順運的「表1」的土性那一行往下排列就成了。卽長生在申、沐浴在酉、冠帶在戍、建祿在亥……等等。找出後將此十二

十二運的找出法

★順運出生的人

（男性＝甲・丙・戊・庚・壬
女性＝乙・丁・己・辛・癸）←生之年干→（男性＝乙・丁・己・辛・癸
女性＝甲・丙・戊・庚・壬）

☆逆運出生的人

表1

命宮＼十二宮	木性	火性	土性	金性	水性
長生	亥	寅	申	巳	申
沐浴	子	卯	酉	午	酉
冠帯	丑	辰	戌	未	戌
建禄	寅	巳	亥	申	亥
帝旺	卯	午	子	酉	子
衰	辰	未	丑	戌	丑
病	巳	申	寅	亥	寅
死	午	酉	卯	子	卯
墓	未	戌	辰	丑	辰
絶	申	亥	巳	寅	巳
胎	酉	子	午	卯	午
養	戌	丑	未	辰	未

表2

命宮＼十二宮	木性	火性	土性	金性	水性
長生	亥	寅	申	巳	申
沐浴	戌	丑	未	辰	未
冠帯	酉	子	午	卯	午
建禄	申	亥	巳	寅	巳
帝旺	未	戌	辰	丑	辰
衰	午	酉	卯	子	卯
病	巳	申	寅	亥	寅
死	辰	未	丑	戌	丑
墓	卯	午	子	酉	子
絶	寅	巳	亥	申	亥
胎	丑	辰	戌	未	戌
養	子	卯	酉	午	酉

運寫在命運盤上。

命運盤的十二運排列完成後，已經有辦法對您一生命運的流轉，有一個更明確的判斷了。例如A君的場合，吉星群集的福德宮正位於「衰」期，可判斷A君的福德宮無甚可依賴之處。同樣吉星聚集的金錢宮，正值十二運中的「養」之運，因此也不能期待A君的金錢宮可發揮多大的運勢。

一方面，命宮有「建祿」的强運輔佐，可說A君天生屬於幸運之人，但是相對面的移動宮（身宮）却是衰運的「絕」，換句話說，A君先天上受宿命之惠，境遇應不錯，但其後人生命運的流轉，却不怎麼如意。

A君整個人生旅程的命運，到底在哪一階段最爲燦爛呢？那是A君的父母宮，因爲運勢最强的帝旺在父母宮內。這暗示着A君的雙親的氣勢相當强烈，而且A君在父母親面前永遠也抬不起頭來。

又因受長生之賜，A君的兒女運大概不致於如我們前述那般地悲觀吧！

十二運排列完成後，您的命運盤已近完成階段，接著我們再找出您的弱點部份的「空亡」（天中殺）在何處。

〈例〉 民國六十九年三月一日出生的A君

（農曆1月15日）

①～⑥的手續，請參考43、51頁。

⑦寫上文昌星、文曲星的位置。

⑧決定十二運。

⑨找出空亡所在——在「子」的父母宮。

依上述的順序，已完全找出決定個人命運的十六星，如此一來，一生的命運已大致可了解。

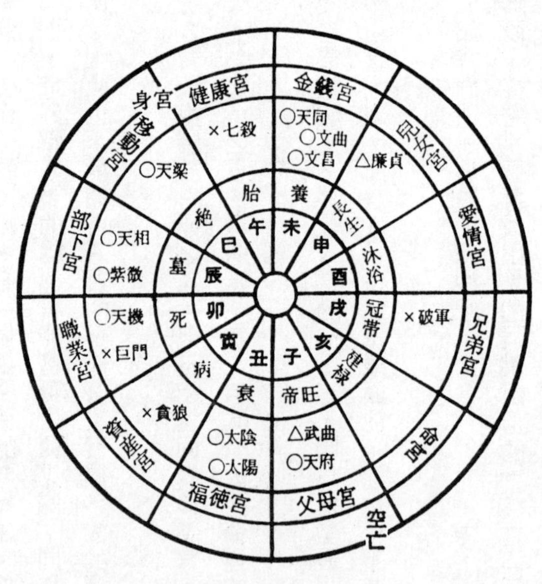

探知空亡（天中殺）

幾乎可以說，凡屬於東洋算命學的占卦，必定都有「空亡」這一運勢的存在，空亡如字面般地解釋，是落空而滅亡之意。空亡雖可抹煞吉運，但同樣可化消凶氣，因此也並不是多麼可怕的東西。

紫微斗數的空亡由生年的干支導出。如左邊的圖表，即可導出空亡的位置。如果將您的出生

找出空亡

空亡	你出生年的干支				
子	甲寅	丙辰	戊午	庚申	壬戌
丑	乙卯	丁巳	己未	辛酉	癸亥
寅	甲辰	丙午	戊申	庚戌	壬子
卯	乙巳	丁未	己酉	辛亥	癸丑
辰	甲午	丙申	戊戌	庚子	壬寅
巳	乙未	丁酉	己亥	辛丑	癸卯
午	甲申	丙戌	戊子	庚寅	壬辰
未	乙酉	丁亥	己丑	辛卯	癸巳
申	甲戌	丙子	戊寅	庚辰	壬午
酉	乙亥	丁丑	己卯	辛巳	癸未
戌	甲子	丙寅	戊辰	庚午	壬申
亥	乙丑	丁卯	己巳	辛未	癸酉

年以某種方式排列，卽可找出空亡的所在。

讓我們來看看民國69年3月1日出生的A君，其空亡所在位置在哪一宮內呢？

A君的年柱（出生年的干支）是庚申，依此欄對照，可見他的空亡在「子」的「父母宮」內。

空亡在我們的命運盤中，實際上到底隱含着什麼樣的暗示呢？舉例來說吧！假如您的兄弟宮內有吉星進入的話，本來，您的兄弟對您一生的運勢有相當大的助益，但空亡入兄弟宮，則這一切的希望都化成水泡了。相反的，兄弟宮內有凶星在位，原本您或許會因兄弟間的關係而身敗名裂或導致「不幸」，但再加上空亡在內，則這些不幸和禍端皆因之而化爲烏有。不過，雖不致於導致「不幸」，但兄弟間無法相助相扶的暗示仍然不變。

所以說，無論空亡進入何宮，我們都不要對該宮抱着任何些微的期望。如空亡在兄弟宮，那麼您就打消您可爲兄弟或您的兄弟可爲您做些什麼事的念頭吧！因爲您與兄弟已經無緣了。還是趕快尋找應付的對策吧，換句話說，空亡是告訴您一生的最弱點在何處的指標。

依上述的理論，我們且看看空亡在各宮時的運道如何吧！

空亡進入命宮時 ——命運的骨幹變成空虛，這是最爲酷烈的空亡。不過，自古以來，無論東西方的占卜都告訴我們一個事實，那就是占卦的運勢的暗示，如果任其自由發展，其結果必一如暗示所示般地出現……所以，如果我們熟知自己的弱點，並勤下功夫掩飾，進而補足自己的弱點，如履薄冰，如臨深淵地處處愼重而努力的話，必可改變原本不吉利的命運爲吉利的運道。

命宮內空亡在位，如能將此事實永銘在心，經常冷靜愼重而不樹敵地向前努力的話，必可獲得尋常的幸福生活。相反的，無論受何種幸運之星的賜惠，如果素行不端的話，最後仍免不了失敗的命運。

空亡在兄弟宮——即使有兄弟也等於沒有兄弟一樣。至少別期望照料兄弟或被兄弟照顧。不過，我們也要抱持廣大的心胸……爲了手足之情不惜赴湯蹈火的精神。不僅對自己的兄弟連朋友、同事，都應懷抱這種寬宏大量的氣度。

空亡在愛情宮——不能期待丈夫的愛情、妻子的愛情。即使追求對方的愛情，最後還是落得被出賣的不幸結果。要有「愛不是佔有而是施予」的信念。這種思想才正是愛的眞諦。

空亡在兒女宮——無子嗣，或即使有也不足依賴。如果有兒女的場合，也應習慣於兒女是兒女，雙親是雙親的冷漠父子關係。相反的，互相尊重彼此的個性和獨立的人格，說不定還能夠產生眞正的父子親情呢！

空亡在金錢宮——這是收入阻絕的暗示。人生並非以塡飽肚子爲生活的目的，但金錢却也是現代生活中所不可或缺的。因此，空亡在金錢宮內的人，對金錢的出入要較常人更爲謹愼，詳加計算，不可養成浪費癖，以免一輩子都當窮光蛋。

空亡在健康宮——須比常人更注意健康狀況。健康宮有空亡在位者，大都是身體某部位患有隱疾者，如能養生則反而可保長壽。

空亡在移動宮——這是活動完全受阻絕的暗示。生活大概也會很單調吧！但如果能反加利用，如高山般地穩重持定，悠然自得地生活也有另一種人生的樂趣吧！

空亡在部下宮——與部屬、學生、後輩等都無緣。可能也經常在抱怨「我處處照顧提拔他沒想到這傢伙竟這麼不通人情」。因此，在與部屬交接時，決不可期望對方回報，也不必認爲悉心照料就能獲得對方的報恩。既然無法受屬下之惠，當然凡事靠自己苦幹實幹就是了。而全憑自己辛勞所獲得的結晶也未嘗不是一大欣慰呢！

空亡在職業宮——能夠從工作中獲取樂趣的人，才是眞正幸福的人。許多人選擇職業是爲求繼續生存而不得不屈就於工作。職業宮有空亡在位的人，大概無法領會出工作愉快的幸福感吧！同時與上司的關係不睦，大概每天如同嚼砂石般地渡日吧！因此，如果不幸空亡在職業宮內，您大可選擇與自己的興趣一致，而且又不用聽他人使喚的獨立性職業，或者放棄想從工作中獲取樂趣的念頭，將樂趣轉移到其他的嗜好上，或許這樣才能擁有歡樂的人生。

空亡在資產宮 ‖ 無家屋土地之運，租賃他人房子或在公寓中渡過一生，或是卽使擁有不動產，這些不動產反而變成累贅，形成負擔而痛苦不堪。所以遇有資產時最好斷然拒絕，輕鬆自由地享受生命吧！

空亡在福德宮 ‖ 空亡位於其他各宮內的時候，尚有各種遁逃方法可免於受災，但福德宮內空亡在位則暗示一生無福德，欠缺人德，也無法享長壽。最好是建立積極的處世方針，朝修身養性的宗教之道前進，或在養生方面下功夫，以期稍延長壽命。

空亡在父母宮 ‖ 先天上與父母的關係緣薄。只要雙親尚健在就應想到幸運，盡孝應及時，假如得不到父母的愛也絕不可怨嘆。

A君的空亡在父母宮內，可見他的雙親對子女採取完全的放任主義，家庭間得不到溫馨的親情。不過，A君原本就無法獲得骨肉親情之惠，所以父母宮有空亡在位應該也不是多大的打擊。但是，假如父母宮原本吉星群集，而又空亡在位，則所有幸運的因素都將化爲烏有，這樣才眞正是可怕的打擊吧！

取決大運

人類的宿命，決定於先天，絕無法變動的，但在宿命的範圍之內，隨着時光的流轉，運勢還是有所變化的。無論先天性的宿命運勢如何强烈，如無時機的配合，還是無法產生作用，相反的，如宿命不佳，但在人生的某時期內碰巧遭遇絕佳的運勢的話，必可發揮强運大展鴻圖。

掌握人生運的流轉運勢之方法，紫微斗數應用的是大運、小運的術語。大運每十年一次，小運則每年一次。

大運依命宮爲基準而推算。首先從命宮的五行，找出您的起算年齡。起算年齡一如下述。

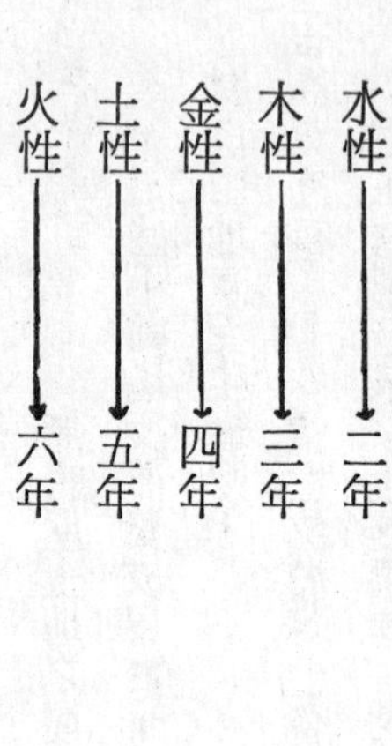

命宮的五行	起算年齡
水性	二年
木性	三年
金性	四年
土性	五年
火性	六年

例如命宮五行屬水性的人，起算年齡以二年為準。換句話說，二歲是該人大運（每十年的運勢）的起算年齡，首先從命宮開始觀察二年間的運勢。命宮的鄰宮從三歲算至十二歲，再鄰宮由十三歲至二十二歲。

此情況下，順運的人（請參照　頁。男性是甲、丙、戊、庚、壬年出生，女性是乙、丁、己、辛、癸年出生者由命宮做出發點，依子丑寅卯等十二支的順序排列。

A君（民國69年3月1日出生）的場合，是庚申年出生的男性，所以屬順運。而命宮的五行屬土性，所以起算年齡為五年。換言之，出生五年間的運勢在命宮（亥），以後六歲至十五歲的運勢在隔壁之宮（因為順運，所以依十二宮順運排列），卽子之宮，而從十六歲到二十五歲的運勢又在隔鄰的丑宮……依此順序排列。

年代的換算，以生月（舊曆）的翌月為準。以A君為例，舊曆一月出生，所以從子之宮觀察的話，應從六歲的二月至十五歲的一月為準。在命運盤的子之宮內，記上年齡。依同樣的要領寫出以下的（大運出發點的命宮欄內，寫上五年運）。

如此一來，把所有的大運都排列完成。與前項所記的十二運（十二項運勢的強弱）相配合，卽可判斷每十年的運勢流轉如何了。

首先，A君出生後的五年間屬建祿之運，以下的六歲到十五歲的十年間是帝旺，受強運之賜

〈例〉民國六十九年三月一日出生的A君

（農曆1月15日）

我們再檢討一次排列命運盤的手續。

①先決定命宮及十二宮。

②找出身宮的十二支。

③由紫微星導出六星。

④由天府星導出七星。

⑤記入文曲星、文昌星。

⑥決定十二運。

⑦找出空亡。

⑧決定大運（每十年的運勢）。

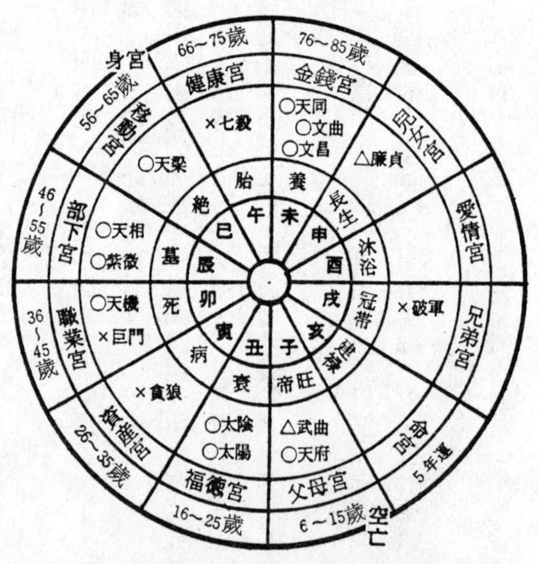

，其後則是衰（十六歲至二十五歲），病（二十六歲至三十五歲），死（三十六歲至四十五歲）墓（四十六歲至五十五歲），絕（五十六歲至六十五歲）等運勢。人生最珍貴的黃金時期之壯年期却遭遇連續不斷的衰弱運，這對A君而言是嚴酷的暗示。要到中年以後（四十六歲至五十五歲），運勢才會稍見好轉。

假如這個人是女性的話，至少到三十二歲爲止是強運當頭。像這樣雖然生日同一天，但是男女的運勢却有截然不同的結果。

決定小運

小運是每一年的運勢強弱，以您出生年的十二支，來決定從何宮做爲出發點。出發宮明瞭之後，以該宮爲一歲，男性依子丑寅卯的十二支之順序，照二、三、四歲排列。女性則相反，依亥戌酉……等十二支的相反順序，照二、三、四歲的順序排列。

出發宮一如下述。

您的出生年十二支　　出發宮（以此宮爲一歲）

寅、午、戌年——→辰之宮

申、子、辰年——→戌之宮

亥、卯、未年——→丑之宮

巳、酉、丑年——→未之宮

以A君爲例，出生年次爲庚申年，因此戌宮爲一歲，又是男性所以順行。則亥宮爲兩歲，子之宮爲三歲、丑之宮爲四歲、寅之宮爲五歲。十二歲正好十二宮全部排列完成，所以十三歲又從一歲之宮（戌之宮）開始排列。

小運與小運間的轉變期，與大運一樣，以您出生月（農曆）的翌月爲準。以A君爲例，農曆的一月出生，所以亥之宮，是觀察他從兩歲的二月開始到三歲的生日之月間的運勢。

請在命運盤的大運、小運欄內寫上年齡吧！從十二運的排列組合上，可以預知您在幾歲的時候能夠鴻運當頭。

空亡在位也會使大運、小運起變化，因此碰上空亡時，應愼重地行動，這也正是上天賜予我們休憩讓我們培養英氣的大好機會，運用智慧巧妙地渡過這一段弱運的期間吧！

以A君爲例，他大運的六歲又兩個月到十五歲又一個月的時候正值空亡，可見從小學到高中這段期間，他並不是一個很幸運的學生。同時與雙親緣薄。此外，三歲、十五歲、二十七歲、三十九歲、五十一歲等年都有空亡在位。在這幾個年都須隱忍莫動，等待幸運之花開放的來臨。

依照上列的手續完成命運盤的製作。剩下的步驟，只要看什麼樣的星進入哪一宮，呈現何種暗示，依此推算卽可判斷您一生的命運。

在解明命運盤之前，可先對照前頁，視十六星屬於陰陽五行中的哪一行？是否爲合宜的五行。後頁有十二支中各星强弱表，大家可對照整理。如進入最合宜的十二宮的話，各星都能發揮最大的效果。

雙星進入同宮時，依各星與各宮的協調性如何，以判斷何星較能發揮效果。

十二支中各星強弱表

宮的十二支	子・亥之宮	丑・辰・未・戌之宮
最強勢的星	天同星 天相星	紫微星 巨門星
次強的星	太陰星 破軍星 文曲星	天府星 天梁星
第三強的星	武曲星 七殺星 文昌星	廉貞星 太陽星
第四強的星	天機星 貪狼星	武曲星 七殺星 文昌星
尋常的星	廉貞星 太陽星	太陰星 破軍星 文曲星 天同星 天相星
力量薄弱的星	紫微星 巨門星 天府星 天梁星	天機星 貪狼星

✦雙星以上進入同宮的時候，可依各星的強弱以判斷何星的暗示較強烈。依各宮十二支的不同，各星發揮的效果也不同。

申・酉之宮	巳・午之宮	寅・卯之宮
武曲星 七殺星 文昌星	廉貞星	貪狼星
紫微星 巨門星	太陽星	天機星
天府星 天梁星	天機星 貪狼星	太陰星 破軍星 文曲星 天同星 天相星
太陰星 破軍星 文曲星 天同星 天相星	紫微星 巨門星 天府星 天梁星	廉貞星 太陽星
天機星 貪狼星	武曲星 七殺星 文昌星	紫微星 巨門星 天府星 天梁星
廉貞星 太陽星	太陰星 破軍星 文曲星 天同星 天相星	武曲星 七殺星 文昌星

第三章 命運盤解說編

熟知您的過去、現在、未來

命運盤的使用法

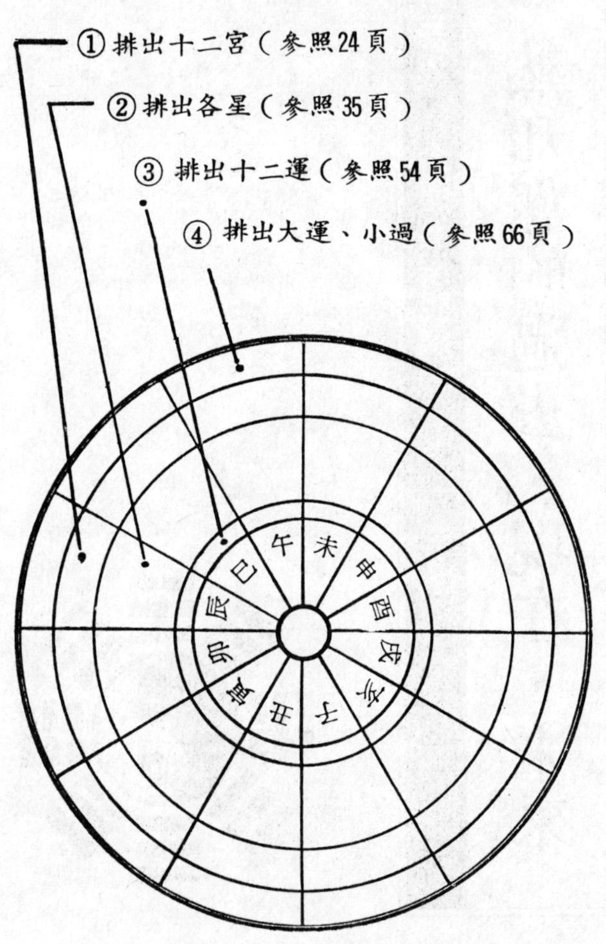
① 排出十二宮（參照24頁）
② 排出各星（參照35頁）
③ 排出十二運（參照54頁）
④ 排出大運、小過（參照66頁）
午
未
申
酉
戌
亥
子
丑
寅
卯
辰
巳

命運盤的解說順序——從命宮開始

紫微斗數的基盤當然以命宮爲準，首先就命宮屬什麼樣的五行，十二運如何，有什麼樣的星在位，在位的又以何星的作用較强等各方面來判斷個人運勢。各星在各宮的强弱如何，請參考前頁的强弱表。

命宮的運勢之外，則觀察承受宿命的身宮之强弱如何。從命宮與身宮的綜合資料，即可判斷個人一生大略的運氣。

接著觀察與命宮有直接關係的宮位。首先觀察命宮正對面的移動宮。從移動宮可看出與生俱來的宿命，在人生的旅途上會產生什麼樣的變化起伏。此宮一如移動之名稱一般，除了觀察命運的變動之外，還可判斷這個人是否愛好旅行，或移動性的大小如何。

三合是應用干支推算的東方算命術所不可或缺的。第四、第八等三宮的十二支成爲一體而發揮效力，其組合情況一如下列：

申　子　辰——水局

巳　酉　丑——金局
寅　午　戌——火局
亥　卯　未——木局

例如申、子、辰同時活動，卽產生水的作用，這樣稱之爲三合水局，紫微斗數的推算，第四、第八正好爲金錢宮與職業宮，從這兩宮有什麼樣的十二支與什麼樣的星在內，就能夠了解命宮的强弱。當然從金錢宮上可判斷金錢運，從職業宮也可判斷職業運。

五行是鄰隔相扶相助，稱之爲「相生的關係」。前述的三合與此相生關係來引導命宮。與命宮有相生關係的鄰宮，亦卽兄弟宮與父母宮的相生關係如何。除了可以從這兩宮推測命宮的强弱以外，還可從中得知骨肉親情的運勢如何。

根據上述的綜合判斷，從命宮及其周圍各宮的環境與影響，我們有可能一窺個人與生俱來的宿命之全貌。

尤其觀察命宮、身宮、金錢宮、移動宮、職業宮、福德宮等六宮內，如皆有吉星在位的話，顯示這個人有得天獨厚的幸運人生。相反的，此六宮內只見凶星佔位不見任何吉星的話，暗示此人必渡過不幸的人生，或在人生的中途夭折。

不過，個人的一生命運之幸與不幸，也不盡然全如算命占卦所顯示般地準確。吉凶一線牽，何況各人的每一宮內還摻雜着各色各樣的吉星、凶星，再依每個人的修德行善，仍有辦法改變自己的命運。

如果您意欲簡單地分析自己的一生到底屬幸運或不幸的話，只要觀察福德宮就行了。福德宮强勢且吉星聚集，可判斷您是屬於幸運的人。然後再觀察其他各宮的配合如何，愛情宮是看戀愛運及配偶，兒女宮是看子女運如何，健康宮看疾病、意外事件、部下宮是屬下運、資產宮則是看自己的不動產之有無。

直系血親的運勢，可以從父母宮、兄弟宮、愛情宮、兒女宮之中看出來，例如您的兒女宮出現的星，必定在您的兒女的命運盤中的命宮、金錢宮、移動宮或職業宮之中的任何一宮出現同樣的星。

社會上的人際關係之良否，與上司長官的關係看職業宮，與同事、朋友的關係則觀察兄弟宮，與部下的關係則觀察部下宮來判斷。父母宮的前一個福德宮，是觀察祖父母的運勢，另外，兒女宮的下一個金錢宮，則是判斷您的孫子的運勢如何之所在。

命宮

觀察您的性格、一生的運勢好壞之宮

您可以功成名就嗎？

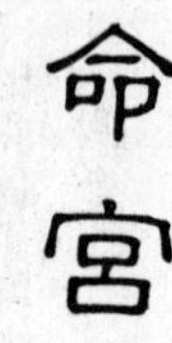

命宮是您先天性宿命所停留，最具關鍵性的宮。我們不僅可從命宮看出您的性格，甚至您的容貌、才能、一生運勢的流轉、緣份等，都能一目了然（我們將在二二三頁對緣份做更詳盡的說明）。

首先我們必得知道命宮相當於十二支之中的何支。如命宮內沒有任何星在位，那麼以下的解說，就是您一生運勢的最貼切暗示。

【命宮在子】　像流水一般永無休止的飄盪的命運。為人冷靜，但相反的亦有熱情之火永遠燃燒的一面。

【命宮在丑】　與人全身鈍重的印象。暗示厚重而陰暗。

【命宮在寅】　像一棵不斷往青空成長茁壯的大樹，能擁有順暢流利的一生。

【命宮在卯】如同大樹下的草叢，雖然有其陰鬱苦悶的一面，但卻有雜草般强靭的運勢。

【命宮在辰】有穩重的安定感及陽性的光明運。

【命宮在巳】如同燭火的微光般，生存在自己微弱的領域之內。

【命宮在午】就像盛夏耀眼的陽光一般，百分之百强烈的運勢。如控制失當，很可能走向極端。

【命宮在未】無大波大浪的起伏，屬質樸而堅實的命運。

【命宮在申】堅決果斷，行動性的運勢。具有向人生不斷挑戰的勇氣。

【命宮在酉】有其强硬的一面，但也有通融性。以柔輭的姿勢循一貫的道路前進。對麻煩的事一概拋棄。

【命宮在戌】雖有拖泥帶水的毛病，但仍不失爲明朗堅實的運勢。

【命宮在亥】相當於陰的極端，因此是平穩順流而行的運勢。

以下，我們再解釋進入命宮的各星運勢。

✤紫微星在命宮的人

品格高尚勝人一籌

紫微星是紫微斗數命運學上，代表至高至尊的星。特別是進入丑或未的命宮內的話，不用說，這個人必定是鴻福齊天。

不過，假設金錢宮或職業宮內僅有破壞性的凶星而無吉星，以致於干擾到命宮的運氣時，那麼就無法期待這一生中會有多大的好運。僅有紫微星在位，暗示着孤掌難鳴。這種情況，應從事宗教方面的事務較佳。

紫微星在命宮的人，外表溫文儒雅，同時散發出高尚的氣質、風度。對人也彬彬有禮。周圍的人也會在一見之下刮目相看：「這個人氣宇非凡……。」

性格直爽，但也有沈默寡言的一面。因爲他們認爲，與其和別人爭執，倒不如把情緒壓制在內心來得妥當。由於身心潔淨，因此蓄財精神也旺盛，稱得上是勤儉的人。

缺點是言行過於愼重。既然命中有福星高照，如果太過於謹愼的話，到手的肥鴨恐怕因此而丟掉哦！

女性命宮有紫微星在位，可受丈夫與兒女之惠，安渡幸福的人生。

✤天機星在命宮的人

和藹可親但缺點是好管閒事

命宮有天機星在位的人，身材較高，體格也比一般人更健壯。特徵是無論對什麼人都和藹可親，同時腦筋的回轉相當快。

天機星是屬木之星，但並非高聳直伸青空的大樹，而是象徵彎曲蜿延的樹枝，因此性格溫馴，待人和氣，富有柔輭性，相反的，也有執拗、好管閒事的一面，無論他人有什麼事，只要碰上了，他必插上一脚。所以看到他人處理事物不懂訣竅或拙於言詞時，卽使沒有對方的請託，他也熱心地助一臂之力。

由於天生這種好拔刀相助的個性，所以朋友相當多，也被比自己年幼者奉之爲足可信賴的老大哥，但却容易被年長者視之爲好管閒事的傢伙。

天機星是掌管發跡之星，如與巨門星同宮的話，雖原本有能力出掌重任，爲一方之長，但因巨門星的破壞，最多只能當個經理之類的中級主管而已。

女性的命宮有天機星者，大都屬於才女之流，較之男子有過之而無不及。無論什麼事都非與人一爭長短不可。結婚後，則變成領導丈夫行動的能幹妻子。要注意的是不要過份地干涉先生的行動。

心中毫無隱瞞的熱情類型

✤太陽星在命宮的人

太陽星屬於火之陽，所以其特徵是好惡分明而激烈。尤其是位於「午」的命宮內的話，其傾向更爲强烈。

命宮有太陽星在位的人，精力飽滿，經常神采奕奕。爲求達到目的，必須全力熱切地行動。

性格如火般，强烈地燃燒却又瞬間消失，但也意外的有直爽的一面。此外，心中沒有辦法隱藏任何秘密，無論什麼事都向他人一五一十地傾吐爲快。這種直言不隱的個性却反變成討人厭的原因。

此星如進入「申」或「丑」之宮內時，一定要格外留心。如移動宮、金錢宮、職業宮內無吉星相伴的話，起初的運勢雖能平穩順暢地進行，但至最後的關鍵時，却反而全盤皆輸，導致失敗的命運。不過，如果命宮的十二運是長生、冠帶、建祿、帝旺等强運的話，必能消災避禍。

女性在命宮有太陽星時，表示她是具有天才性才能的能幹女性。愛好熱鬧的場面，是個了不起的社交家。

✤武曲星在命宮的人

雖頑固但心腸軟

武曲星是掌管錢財之星。如果您能勤儉積財，不揮金如土，並努力向上的話，中年以後，必可累積爲數可觀的家產。

武曲星是屬金之星，能進入「申」、「酉」之宮則更能發揮其最大的效力。武曲同時也是兼具嚴肅與溫柔，兩面互相矛盾的星，所以雖然有時頑固而不通融，但相反的，却很容易被人情所感動，相當於雙重人格的個性。又易於朝直線猛鑽牛角尖，所以卽使被欺騙也常不自覺。凡事追求理想而不容妥協的存在，因此很容易與周遭的人起摩擦、波瀾是避免不了的。

如果能有吉星同宮相助，可望在社會上出人頭地，但如有凶星同宮的話，雖仍可擁有財產，但終免不了不幸的一生。

武曲星對女性而言，似乎是過於强烈之星。原本認爲她是個頑固的女人。話既說出口絕對不會再跟上來的，但事實上却是個情緒性的輭心腸。無論什麼時候都認眞地在存錢。

偶而也會有無視於世間常識的獨特行動出現。

絕對需要異性為伴的八面玲瓏型

✤天同星在命宮的人

開朗而又聰明、朝氣蓬勃的人。同時身心都健康。不過，如位於巳、午的命宮內的話，表面上看起來似乎穩重而有才能，但實際上並不盡然，虛有其表的佔大多數。

天同星屬於水之星，智力雖然不錯，但缺點是易於同流於附近的情況下。特別是天同星在命宮的男女都屬於瀟洒俊俏型，對男女關係都能處理的得心應手，但却無法把腦筋專注於一件事物上。但至少男女都擁有足以輕而易舉地超越人世間各種難題的智慧和勇氣。

天同星在命宮的女性，明朗而且頭腦的反應迅速，在工作岡位上常是受器重的優越角色。由於謹愼保守的態度，使得這類人普受一般的好感。

如與文昌星、文曲星同宮則更爲幸運。不是在職業岡位上受器重而爲一方的主管人才，就是在文藝雜誌上投稿而一舉成名，榮登作家之榜。

如與太陰星同宮則情況不太樂觀。女性貞操觀念薄弱，最後可能演變成到處招蜂引蝶。

興之所致赴湯蹈火在所不惜

✤廉貞星在命宮的人

廉貞星是氣勢磅礡之星，所以此星在命宮的人，多屬特意獨行之人。只要興之所至，無論誰都無法勸阻，立卽展開行動，也因此與他人衝突的事例層出不窮。如命宮在巳的話，其傾向更爲强烈。體魄健壯，簡直就如同精力源的凝聚體一般。對異性的關心度也同樣地激烈，一旦喜歡某個異性，無論對方的心情或周圍的狀況如何，皆不在考慮範圍之內，立卽展開熱烈的追求。

其中也有些人，把火熱的情感隱藏於內心底。雖然心中熱情之火高漲，外表上仍然裝得很冷靜，以等待成熟的機會來臨，這是智慧型的人物。

如廉貞星在申的命宮，或與凶星同宮時，絕無法避免災禍。男性因蠻橫而討人厭。此外又耽於賭博、或桃色糾紛的層出不窮而引致麻煩的例子當屢見不鮮。

廉貞星在命宮的女性，雖有其女性固有美德的一面，但相反的也擁有相當執着的一面。為了所愛的男人，無論上刀山下油鍋她都心甘情願。

或許先從事特種職業再從良，遠比當個家庭主婦更能獲得幸福的人生吧！

心胸寬大受大衆愛戴的類型

✤天府星在命宮的人

天府星是掌管錢財之吉星。外觀屬於教養良好溫文儒雅的人士較多。因為性格方面的圓滿，能受到大家的愛戴。

此外，這種人心胸寬大，找不出彆扭或工於算計的性格。反正，就是能與人有種說不出的雄壯感，因此，常能獲人他人的信賴與支持：「跟您在一起我很放心」！

如再有其他吉星同宮的話，發跡成功的機會必快又穩定。

天府星雖可化解所有的不幸與災難，但周圍的凶星如聚集過多，難得的吉運也會因之而消失無踪。此時，外表雖親切柔和，但仍會作出算計他人的行爲。

天府星在命宮的女性，充份具備才媛的素質。一般多屬圓臉的美人。性格爽直，約定之事必恪遵到底。雖屬開朗的性格，但外觀仍有拘束感，服裝或房間也修飾得美侖美奐。女性應追隨時髦較適合。天府星在命宮的女性，儲蓄心也相當的旺盛。

感受敏銳的羅曼蒂克型

✤太陰星在命宮的人

太陰星屬水，是代表月亮之星，因此太陰星在命宮之人，與人清澄透澈的印象。

無論遭遇什麼樣的事，絕不會立刻就怒上心頭。愛好寂靜，富風雅之心。才氣縱橫，不致於集名望於一身，但能夠默默地耕耘，努力向上。感受性敏銳，且具有優越的文才，許多人因而名列大作家之林。此外，洞識事物的才智也高人一等。

與凶星同宮時，水性的惡劣影響完全表現無遺。終日沈迷於黃湯中變成病夫，或因桃色糾紛而身敗名裂。如此星進入巳、午的命宮內，即使周圍有吉星環伺，也無法期待幸運之神的降臨。此種情況下，如能虔誠地信仰宗教，却反而可以開運。

命宮有太陰星的女性，外表雖笑容可掬，但在笑臉之中仍可看出隱藏着難以言喻的憂傷。易受他人影響而躭於戀愛的羅曼蒂克型人物。

太陰與太陽同宮的女性，能受到優秀的配偶之福蔭。相反的，如受凶星影響的話，也可能致使丈夫遭受不幸。

✤貪狼星在命宮的人

喜歡的事物必千方百計奪到手

貪狼星是表現「激烈」之星。絕不會平心靜氣地等待機會來臨。對於一切的事物都抱着極端強烈的欲望，因此沈溺於賭博而不可自拔，深陷於各類事件中，心之所至絕不中止。

想要的東西一定千方百計弄到手，無論上山下海披荆斬刺也在所不惜，正由於這種激烈的性格使然，因此有豐碩的金錢運。只要有大賺的機會，即使其可能性微乎其微，但貪狼性在命宮的人仍然有辦法將其一口呑下。

如有凶星同宮的話，當然能致使財運消失，免不了貧困的命運。如武曲星、廉貞星同宮時，卽使無法賺大錢致富，但可以在藝術方面的領域中，獲得空前的成就。

女性則是個性強烈者類型，採取自由奔放的生活方式。雖爲女性，但可在經濟上得到充裕的自立能力。對於戀愛也採積極的方式。卽使所愛的人是有婦之夫，她也絕不會屈就於他。爲了獲得所愛的他，甚至不惜拆散對方的家庭和婚姻。

✤巨門星在命宮的人

經常保持警戒心的踏實人物

一般認爲巨門星是破壞之星，但命宮有巨門星在位的人，應該是踏實而且城府深沈老謀深算之人。他們絕不多說一句事不干己的廢話，卽使遭遇任何痛苦，也强耐在內心裏，因此常與人一種捉摸不定，不曉得他內心裏到底在想些什麼的感覺。

這類人經常在內心裏懷抱着疑問：「到底爲什麼呢？」如果猜疑心越積越重，最後必變成短視之人，必需廣泛地吸收各方面的知識，才能有望成爲心胸宏大之士。

性格冷酷，如又位於子、亥的命宮內，則或許免不了被命運所玩弄。巨門星一發揮原本猙獰的面目的話，雖可財源滾滾而來，但也因爲一心追求金錢，即使應用再毒辣的手段也心平氣和不以爲忤。

對於女性而言，巨門星在命宮，意味着她能夠渡過自由自在的結婚生活。同時也能健康而長壽。不過，如果巨門星在發揮凶星的特性時，雖擁有艷麗的容姿，但因愛情問題引發的煩惱可能層出不窮。

✤天相星在命宮的人

工作嗜好都興致盎然的享受型

天相星是無可置疑的吉星。應該可以享受歡愉的人生。

腦筋的反應迅速，是行動性的人，只要發覺自己一直進行的工作或唸書的方法錯誤的話，必然立刻改變新的方式，富於柔輭地適應性。

談吐文雅，不會尖酸刻薄，人際關係圓滿，可得上司的垂愛，而取得社會性的地位。不過，如果過份地謹愼小心的話，最後可能變成吝嗇小氣的傢伙。

天相雖貴爲不可多得之吉星，但如與天機星同宮，或進入巳、午的命宮內，却暗示着其人的不幸。好不容易賺到一筆金錢，却在一晚之內花天酒地，散得精光，或一味追求享樂犧牲工作，不斷追求刺激的生活，最後終歸身敗名裂的人也不在少數。與武曲星同宮時，其人言行稍離一般的塵世，而生活在嗜好的天地中。

天相星在命宮中的女性，一生永無錢財缺失之慮，能與踏實的男人共創幸福的愛之巢。缺點是易受周圍的環境左右情緒而迷失原來的自我。男女關係方面也會稍有小麻煩。

✤天梁星在命宮的人

活躍的行動派是團體的核心

天梁星是掌管壽命之星。性格豪爽正直，能立於他人之上，居領導地位。性格爽朗行事也有節制，故能普受大家的信賴。團體中有任何類型的活動時，必定立於領導地位，成爲團體的核心人物。

天梁星同時也是主管文筆之星，如與天機星同宮的話，可以文才而成名，同時也能因之而獲得財運。

對女性而言，天梁星似乎是過於激烈之星。性格過於男性化，由於個性太過於豪爽，所以初次見面並不能予人太深刻的印象。從孩提時代就常與男孩子一起玩耍，所以性格也稍見輕佻。

話雖如此，那些了解您直腸子而不虛僞的人們，必定對您相當的信賴。您須注意的是再溫柔一點就行了。

如從事與個性相配的職業必能獲得成功，但所在命宮位置失合（在子、亥之命宮內）的話，好强的性格表現無遺，變成既不照顧孩子也不協助先生的妻子，晚年或許相當淒涼。

✤七殺星在命宮的人

自尊心強烈高傲孤獨的理想主義者

七殺星是凶星，但如與紫微星同宮的話，仍有特別發跡的可能，爲求早日發跡，或許也不擇手段吧！此星在命宮的人，具有壓倒周圍的人們的魄力，也就是擁有所謂「英雄豪傑」的氣勢，但態度則稍見蠻横，容易步入歧途。

自尊强，又有理想主義的傾向，因此任性而志得意滿，背後也常受人批評，但意外的似乎也有脆弱的一面，遭受任何打擊的情況下就此墮落，很難再恢復正常。可說是不善應付挫折者。

七殺星坐於午之命宮的人
易走了好運

由於七殺星的特性如此，所以對女性來說，如果沒有強力的吉星同宮以化解凶意，一生的運勢可能不太樂觀。不過，只要命宮帶七殺星，無論男女，在他人未接受自己的意見之前絕不放棄。由於欠缺這種通融性，經常處於孤立的地位，很多女性因之而渡過孤獨的一生，但由於先天性格屬於寂寞者，頗富情調，也可能渡過多變化的人生。

能洞識人心的強烈個性

✤破軍星在命宮的人

好爭奪的凶星。如位於子、亥之宮內，却反而能使其人成爲英雄人物而名揚四方。當然無法期待一般性的溫和。不太可能終身固定於一處，或許免不了一生動盪流浪的命運。

性格正直豪爽，但是稍帶點陰沈。外觀雖不甚顯眼，但智慧超群，大都成爲研究有成的學者。不過，如自己的努力沒有獲得回報，性格在憤怒之下一改常態。如與文昌星同宮，必能有相當的財運。

破軍星對女性而言並不是可帶來福運的吉星。因強烈的個性使然，卽使結婚以後也無法安份地待在家庭內。

與其說這類人的智慧高人一等，倒不如說他們具有洞識他人的才能。「跟你在一起好像什麼事都被你看穿了，好可怕。」同時心思游移不定。

但如位於子、亥的命宮內的話，性格則較溫馴，可獲得配偶的福蔭。

悠然自得的秀才類型

✣文昌星在命宮的人

文昌星是掌管文藝、學術之星。同時不受任何凶星的影響，可以說是特別堅韌的吉星。如再與吉星同宮，則一生生活可高枕無憂。即令與凶星相遇，引發任何麻煩，從整體性來看，仍可安渡平穩的人生。此外，也可保長壽。

不論男女，文昌星在命宮者記憶力都相當卓越，學校成績也常名列前茅，很多人是輕鬆自在型。

由於文昌星是屬金之星，在溫柔親切的反面，也有嚴肅的一面。就如同砂金一樣，外表雖很滑柔，但內部隱藏堅硬的結晶，偶而出現的堅定果斷行動，常會使周圍的人吃驚不已。

命宮有文昌星的女性，也能遇到意想不到的幸運。如不幸受到凶星影響，則很容易流於情欲，步入人生的歧途。或者被當成金屋藏嬌的姨太太，一生同樣也衣食無憂。

◆文曲星在命宮的人

智性情緒頗具魅力的純情派

傾向於作家的類型，觀察力敏銳，同時以文字表達感受性的能力高超。如與文昌星同宮的話，可因文才而名揚天下。

與兇星相遇時，從事宗教性的工作，就可以開運。但如位於午的命宮內，或許有短命的可能。

文曲星在命宮者的人絕不多說他人一句閒話也絕不出風頭，但如果一旦發覺自己受到輕視，則一改平常溫和的態度，惡言惡語相向。

文曲星在命宮的女性非常聰明，經常散發着智性的氣氛。是所謂「聞一知十」的類型，最好從事大衆傳播的工作，如有凶星同宮，則變得輕佻，一個接一個的轉換情人。

文曲星主管文學、藝術，同時又是屬水之星，所以其缺點是易受周圍的意見左右自我的主張。

兄弟宮

觀察兄弟、朋友運之宮

緊急時兄弟友人可助一臂之力嗎？

兄弟宮是觀察您的兄弟、朋友運如何的場所，兄弟宮勢強的話，鄰宮的運勢也强。一般而言，兄弟宮內有吉星在位的話，能受兄弟朋友之助，兄弟宮有凶星在位，會致使兄弟遭受不幸。

首先找出您的兄弟宮在十二支的何處。如兄弟宮內無任何星進入，則位於十二支上的暗示就是您的兄弟宮運勢。

【兄弟宮在子】與兄弟朋友的感情冷靜而理性，但並不是冷淡無情。

【兄弟宮在丑】與兄弟、朋友的交往並不怎麼活潑。一旦開始交往後，雖淡泊但却可長久永駐。

【兄弟宮在寅】與兄弟朋友之交，直爽而毫無隱瞞。

【兄弟宮在卯】拙於與人相交往，一旦心悅誠服地來往必可保持長久友誼。

【兄弟宮在辰】與友人、兄弟的感情穩固堅實。絕不會無故拆散。

【兄弟宮在巳】禮尚往來，儀禮周到的友情。

【兄弟宮在午】兄弟朋友都較時髦，愛好熱鬧的交際。

【兄弟宮在未】雖能與兄弟、朋友保持長久的交情，但彼此間的情感却總有點陰晦。

【兄弟官在申】差別待遇式地交友。並不因爲是兄弟朋友而諒解他們。在某一線之外，可能也會給兄弟朋友顏色瞧瞧。

【兄弟宮在酉】易變的暗示。心情反覆無常，與朋友兄弟的交情不能持久。

【兄弟宮在戌】有安定感的友情，手足情深。危急時可獲得一臂之力。

【兄弟宮在亥】若即若離的冷漠交情。兄弟與友人對您而言就像陌路人一般，毫無絲毫的助益可言。

✤進入兄弟宮的群星 ／ 您有什麼樣的兄弟朋友呢

✤紫微星在兄弟宮的人

你擁有足以信賴的兄弟和朋友。再有其他吉星同宮的話，兄弟的手足情深，足以讓他人爲之羨慕不已。

萬一有凶星同宮的話，易造成兄弟失和。如有天相星、文昌星、文曲星等同宮時，兄弟、朋友必定爲數不少。

✤天機星在兄弟宮的人

兄弟和朋友的人數都很少，如有巨門星、天梁星、太陰星同宮，您必擁有可資信賴的兄姊，以及肯爲您赴湯蹈火的至友。

✤太陽星在兄弟宮的人

兄弟朋友較多。但如與凶星同宮的話，恐怕會失去兄弟。

兄弟屬於精力旺盛開放性的人。

✤進入兄弟宮的群星／您有什麼樣的兄弟朋友呢

✤武曲星在兄弟宮的人

兄弟朋友很少。與文昌星、文曲星同宮的話，即使兄弟不多，仍能相助相持和睦共處。

如與破軍星、七殺星等凶星同宮的話，幾乎可說沒有任何朋友，孤獨而無助。

您的兄弟是強硬但不失爲義理人情濃厚的人。偶而也會使你碰釘子。

✤天同星在兄弟宮的人

能託兄弟朋友之福。與太陰星、巨門星、天梁星同宮者，有許多益友相助一臂之力。有凶星同宮者，最後終不得不與兄弟朋友吵架而分離。

您的兄弟有幽默感，是善於處世之人。

✤廉貞星在兄弟宮的人

與天府星等吉星同宮的話，就算兄弟人數少，却能不失爲互相諒解的好兄弟。交友也是範圍狹窄但能深交。與凶星同宮，兄弟間的交流斷絕。

✤進入兄弟宮的群星／您有什麼樣的兄弟朋友呢

您的兄弟是屬於不聽從勸阻的衝動性人物。偶而也會出現火爆的爭吵場面吧！

✤天府星在兄弟宮的人

擁有衆多的兄弟朋友。能與紫微星同宮更爲理想，常能因兄弟朋友之助而脫離困境。但如有凶星破壞的話，兄弟緣薄，朋友散離。

您的兄弟度量寬宏，不會因小事而煩惱。

✤太陰星在兄弟宮的人

與太陽星同宮時，朋友衆多，兄弟手足情深；與凶星同宮的話，兄弟之爭不斷，也無法獲得朋友的協助。

您的兄弟是易受傷害的感情脆弱者。

✤貪狼星在兄弟宮的人

兄弟朋友都很少吧！如與凶星同宮其傾向更爲明顯，變成沒有兄弟，無法交友

✤進入兄弟宮的群星　　您有什麼樣的兄弟朋友呢

的孤獨人。

✤巨門星在兄弟宮的人

無法從兄弟朋友得到任何助益。如與太陽星同宮的話，雖有兄弟也形同路人。但如有文昌星、文曲星的影響的話，兄弟即使不多，也能獲得知心的朋友與兄弟吧！

✤天相星在兄弟宮的人

兄弟朋友雖不算多，但是能互相扶助。與凶星同宮的話，會因意想不到的小事而喪失兄弟、朋友。

✤天梁星在兄弟宮的人

兄弟、朋友爲數稀少的話，彼此能有理想的感情，過多的時候，易於紛爭不停。與凶星同宮的話，您不是獨生子就是兄弟間的關係冷漠。

✤七殺星在兄弟宮的人

七殺星是凶星，但如有文昌、文曲等吉星同宮，或多或少能擁有幾個可幫助您的兄弟、朋友。兄弟宮位於子、午、寅、申時，兄弟情感不睦，或者常被朋友出賣。大概終生與兄弟、朋友無緣。

✤破軍星在兄弟宮的人

獨生子，或擁有兄弟，但互相遠離而居，兄弟緣薄的運勢。如果沒有文昌、文曲等吉星同宮化解凶氣，絕不可獲得朋友之助。

✤文昌星．文曲星在兄弟宮的人

這兩星的作用相同，兄弟運、朋友運都還算差强人意。朋友似乎比兄弟多，能從智性的交流中得到快樂。

愛情宮

觀察您的戀愛、結婚運勢如何

您的結婚對象屬何種類型

愛情宮主要在於觀察您的戀愛及結婚運。女性可看出男性運，男性可看出女性運，還足以判斷您的配偶之運勢、性格、緣份等等。一般而言，愛情宮有吉星進入，必可因配偶而得福，相反的，凶星在位的話，婚姻運就不怎麼樂觀了。

首先找出愛情宮在十二支的哪一部份。愛情宮無任何星進入時，以下的解說就是您這一生愛情生活的寫照。

【愛情宮在子】 夫妻關係冷靜。但愛情濃蜜，因此也絕非冷漠、形同陌路的夫妻，只是互相承認對方的自由，共渡毫無束縛的婚姻生活而已。

【愛情宮在丑】 愛情關係猶如隱花植物般地陰鬱不開朗。容易造成孽緣，形成悲劇的也不少。但結了婚後大概也不致於分開吧！

【愛情宮在寅】愛情運一帆風順。連戰皆捷，婚姻生活也不會有任何陰影。

【愛情宮在卯】糾纏不清的愛情運。即使關係並不很順暢也能保持長久。容易造成三角戀愛。

【愛情宮在辰】您對選擇情人非常愼重。一旦下定決心追求對方，必傾注誠摯的愛情。也能夠共渡安定溫馨的婚姻生活吧！

【愛情宮在巳】夫妻的情感相敬如賓。夫妻兩人都互相了解丈夫有丈夫個人的生活，妻子也有妻子的個人生活世界，所以絕不會因爲任何理由而吵架。

【愛情宮在午】外觀上似乎是熱情的一對。相會的瞬間叭地立刻燃起熊熊烈火，但愛之火很可能立刻就消失。但在與對方分手時相當乾脆，絕不會糾纏不清。

【愛情宮在未】平穩順利的愛情運。似乎與那種「火熱」的戀情無緣，但在極自然的情況下滋生愛苗，雖平凡但却是可獲得旁人一致衷心祝福的婚姻。需注意的是結婚後的生活或許變得陰晦無味。

【愛情宮在申】擁有踏實的愛情觀念。並無存心玩弄的念頭。所以也因此絕不容許對方的輕浮玩弄。由於對自己與對方的要求同樣嚴厲，或許會遭遇波濤萬丈的愛情運。

【愛情宮在酉】戀愛時相當任性，因此常與戀人發生摩擦。能因自我的努力求得詩般的動人戀情。而且最喜歡豪華的交際。

【愛情宮在戌】和藹可親的類型，因此能得到大家的愛戴。應該不會與戀人吵架而分離。婚後能開創安定幸福的家庭。

【愛情宮在亥】愛情運宛如動物性的血腥味一般。雖愛情豐富，但婚後的夫妻生活則是愛恨交加組合而成的。在性生活方面的問題較多。

接着我們再觀察進入愛情宮的各星。

✤紫微星在愛情宮的人

雖晚婚但能得佳偶之賜福。愛情宮有紫微星鎮守着，所以你的配偶者，是韻味無窮的人物，在您與他交談時都能感受到溫馨的氣氛。也是終身永愛不渝的一對。您對戀愛的態度稍過於愼重。有時因此錯過大好良機。被凶星所困時，與配偶個性不合，爭吵不絕。

✤天機星在愛情宮的人

如果您是男性的話，應與比自己更小的年輕女子結婚，女性的話，應與比自己年紀更大且足以信賴的男子結婚。如再與天梁星同宮的話，男性會娶年紀大的女人爲妻，女性會嫁給比自己小的丈夫。

與太陰星同宮的話，男子能獲得美麗的配偶。而且還可因賢內助而功成名就。女性也能嫁得好丈夫。

有凶星破壞時，恐有離婚的可能，晚婚卽可避開此一災禍。如太過於干涉對方的生活也可能遭遺棄。

✤太陽星在愛情宮的人

因爲太陽星的運勢過强，所以早婚者相當不吉利。可能的話，不要急於結婚，經過愼重考慮後慢慢進行。男性可獲開朗而健康的女性爲妻。女性則可以找到寬宏大量的男人結婚。有凶星阻礙時，幾乎可說直接面對着離婚的危機。

✤武曲星在愛情宮的人

夫妻間爭吵不休，晚婚就可以避開此一禍端。男性者稍爲有大男人主義的傾向，會與自立心旺盛的女人結婚。女性可嫁踏實而品格高尙者爲妻。年紀相同的男女，似乎是最佳的結婚對象。與貪狼星同宮者必晚婚。與吉星同宮，會因配偶而致富，如有凶星進入，不是喪盡錢財，就是夫妻感情冷漠。

✤天同星在愛情宮的人

您似乎是早婚的人，但是可能的話盡量晚婚，才能有幸福和諧的婚姻生活。男性常能與頭腦聰明的優秀女子結婚。女性則與才氣縱橫的男人結婚。與太陰星同宮的男人可獲美女爲妻。天梁星同宮者，是金童玉女型的夫婦。

有凶星阻擾時，夫妻情感惡劣，恐有離別之虞。

✣廉貞星在愛情宮的人

與天府星同宮者，夫妻同都是脾氣强硬的人，但却意外地和諧、相愛長久，除此之外，夫妻關係上似乎負面的痲煩較多。

男性雖屬文靜類型，但會與個性頑强的女人結婚。女性則與精力充沛任性的男人結婚。所以婚後經常意見不合而起衝突，再有凶星同宮的話，最後很可能造成離婚的後果。

✣天府星在愛情宮的人

愛情運就如同溫暖的陽光照遍大地一般。男性能與柔順豐滿人見人愛的女人結婚。男女都有溫柔的愛情，因此婚姻生活非常的和諧。

有凶星同宮時，原本美滿的運勢也成爲經常吵架的家庭，婚姻生活觸礁。不過，如果能夠盡量晚婚的話，大概也不致於產生決定性的分離。

✤太陰星在愛情宮的人

太陰星象徵清澈皎潔的月光，因此男女都是天眞瀾漫的類型。再與文昌、文曲同宮的話，更見教養的優秀。男人可獲文靜且情感細膩的女子爲妻。女性或許會與清廉的藝術家類型結婚吧！

與太陽星同宮，夫妻生活圓滿。與天機星同宮者，更是令人羨慕不已的金童玉女型夫妻。但如凶星同位則恐有離婚的可能。

✤貪狼星在愛情宮的人

貪狼星是離婚之星，如果不是晚婚的話，則必定步入離婚之途。貪狼星在愛情宮的男人，具有易被自由奔放的女性強烈吸引的傾向。此外，女性的情況時，婚後常會被沈迷於一擲千金的豪賭的丈夫所氣。須注意的是貪狼星在愛情宮的男女皆有沈溺於性慾中的傾向。

如能與紫微星同宮則能化消凶意，獲得年長的妻子，年幼的丈夫，渡過幸福的婚姻生活。

✣巨門星在愛情宮的人

巨門星是閃爍不定之星，夫婦間因而易起爭執。不過如與太陽星同宮而且無其他凶星在宮，或與天同星、天機星同宮時，能獲得聰明的配偶，建立圓滿的家庭。

愛情宮內巨門星在位的人天生嫉妬心强，但絕不溢於言表。男性如有文昌星、天機星在位的話，除妻子以外，必在外築小公館金屋藏嬌。

男性喜歡冷艷的美人。女性則與腦筋聰明而又「財氣」縱橫的男人相當有緣。

✣天相星在愛情宮的人

幸運的愛情運。男性可與頭腦聰明的美女結婚。女性似乎與擁有獨特個性的男性爲偶較相配。

如有紫微星同宮的話，永久地保持新婚初期的浪漫氣氛，宛如至友般地夫婦感情。不過，男女共同的缺點是稍欠輕浮。尤其是女性更是桃色新聞不斷。但似乎易被對方所感化。

與武曲星、廉貞星同宮的話，必導致某種障礙，夫妻間常起衝突。但如位於子、丑、寅、申的愛情宮內，則不用擔心造成離婚的後果。

✤天梁星在愛情宮的人

愛情宮有天梁星的男人是合適的婚姻對象，但會與稍帶傲氣的女性結婚。女性則會與處處指導自己的可靠男性結婚。

與天同星、天機星同宮的話，家庭很圓滿。如有凶星在同宮內阻礙的話，原來的吉運消失，很容易起衝突。

✤七殺星在愛情宮的人

七殺星是凶星，因此卽使結婚也不能說是幸福的婚姻。草草結婚，婚後口角爭執不絕，甚至造成離婚的後果。如果您現在仍是單身者，盡可能地晚婚較好。晚婚的話必定能夠避開不幸的禍端。

不論男女，七殺星在愛情宮者，其結婚對象都是個性非常强硬、任性的人，因此，無論怎麼用心，都無法避免意見上的衝突，避免最嚴重的事態產生。除七殺星外尚有其他凶星同宮者。大概一輩子就在不斷地結婚、離婚之中渡過吧！

✤破軍星在愛情宮的人

最尊貴的吉星紫微星，如與破軍星同在愛情宮者，男性大概與年長的女性，女性與年輕的男性結婚，且能渡過安穩的婚姻生活吧！除却紫微星同宮的條件之外，破軍星在愛情宮的人，愛情、婚姻生活同樣都紛爭不絕，似乎無法渡過世人眼中所公認的幸福婚姻生活。

因爲破軍星在愛情宮的男女，天生的個性就無法安於家庭內過正常的婚姻生活，所以打從一開始就從內心裏認定婚姻是剝奪自己自由的東西……或許這種觀念的人較多。

但女性的愛情宮如位於子、午宮內的話，在職業、家庭兩方面都能兼顧到。

✤文昌星在愛情宮的人

是平穩的結婚運。再有天機星、太陰星同宮的話，必是不可多得的一對賢伉儷吧！男性會與稍帶遲鈍慢呑呑感的女性結婚。又似乎與嬌小玲瓏的女性有緣。女性

愛情宮在卯的人
小心三角關係

或許與一天到晚慢吞吞地東幌西幌，但腦筋超群的男子結婚。

雖然有文昌星的吉星在內，如遇其他凶星同宮，男女都皆因異性問題而大爲困擾，在婚姻生活中引發波瀾吧！

✣文曲星在愛情宮的人

愛情宮有文曲星在位的人，無論男女全都是對愛情敏感的人，因此似乎都有早婚的傾向。男性可能會與充滿智性的女性結婚吧！女性也可能會與智慧勝人一籌的男人相遇。還有，文曲星在愛情宮內的女人,似乎都與高大身材的男人結婚。再有其他吉星同宮時，夫婦之間的情感當然沒話說，相反的，如果不幸有凶星同宮的話，輕浮變成離別的原因。

兒女宮

觀察您兒女運之宮

您將會擁有什麼樣的兒女宮

從兒女宮可看出您是否可因兒女而致福或致禍，以及將會擁有什麼樣的兒女等等。兒女宮內如有吉星同宮的話，可託兒女之福，如有凶星在位，恐怕無法因兒女而致福吧！

觀察與兒女宮直接關係的各宮，也就是從兒女宮正面的資產宮，相當於三合的部下宮、父母宮來看，如南斗星（天府星、七殺星、天粱星、天機星、天相星、天同星、文昌星）較多的話，您的兒子較多。北斗之星（紫微星、武曲星、文曲星、巨門星、貪狼星、廉貞星、破軍星）較多的話，您的女兒較多。

此外，如果太陽星在陽之宮內的話（在子、寅、辰、午、申、戌之宮內），第一個孩子必是男孩子，而太陽星在陰之宮內的話（丑、卯、巳、未、酉、亥之宮內）第一個孩子必是女兒。

首先，我們得找出您的兒女宮到底在十二支的哪一宮內，如果兒女宮沒有任何星進入的話，以下的暗示，就是您的兒女運。

【兒女宮在子】能獲得腦筋聰明而活潑的兒女。
【兒女宮在丑】您的兒子稍使人覺得動作緩慢。
【兒女宮在寅】活潑敏捷且心地善良的兒女。
【兒女宮在卯】好纏着人不放的孩子。
【兒女宮在辰】雖是孩子但屬於可託付一切的類型。
【兒女宮在巳】您的孩子是孝敬雙親的乖孩子。
【兒女宮在午】開朗活潑，十足的孩子氣般的兒女。
【兒女宮在未】溫馴，但缺點是動作稍帶遲鈍的兒女。
【兒女宮在申】毫不通融，凡事講求道理的兒女。
【兒女宮在酉】反抗型的兒女。與雙親常起衝突，說不定還會離家出走。
【兒女宮在戌】一見就使人覺得能夠信賴依靠的穩重兒女。
【兒女宮在亥】稍陰鬱不活潑的孩子。

接着再觀察進入兒女宮內的群星。如有紫微、天同、天梁、武曲、廉貞等星在位，您必有兒女，如巨門、太陽、太陰、破軍、七殺在位的話，與您的第一個兒女緣薄。

✤進入兒女宮的群星　　您擁有什麼樣的兒女呢

✤紫微星在兒女宮的人

較能託兒女之福。尤其是再有文昌星、文曲星同宮的話，您的兒女必全都是天生的好孩子。如有凶星在位，不是孩子少，就是領養他人的孩子。

✤天機星在兒女宮的人

天機星雖屬吉星，但位於兒女宮的人，似乎與養子、或配偶者以外所生的孩子之緣份比親生兒女的緣份更佳。

您的兒女心地善良，但有立刻數說他人的傾向。

✤太陽星在兒女宮的人

只要沒有其他任何凶星阻礙的情況下，必能因兒女而致富貴。孩子們精神飽滿，全家一年到頭都處在熱鬧的氣氛之中。

✤武曲星在兒女宮的人

武曲星的兒女運並不怎麼强烈，因此武曲星在兒女宮內的人，可能沒有子嗣，即使有的話，大概也只有一個吧！如再有七殺星、巨門星同在兒女宮內的話，恐怕會與兒女生離死別。但如與貪狼星同宮的話，晚年可託兒女之福。假若您的兒女宮內唯有武曲星在位而無他星的話，那麼您與配偶以外的人所生的兒女，或甚至於養子，比較能夠協助您的成功。

✤天同星在兒女宮的人

您可培育成績優秀的兒女。如有凶星阻礙，與兒女的緣薄。此外，天同星在兒女宮，且又位於巳、午之宮內的話，您的兒女光會回答，光說而從不實行。

✤廉貞星在兒女宮的人

您可能只有一個兒女吧！天府星也在兒女宮內的話，會變成頭腦異常優秀的孩子。有其他凶星在位阻礙的話，可能沒有子嗣吧！

✤天府星在兒女宮的人

兒女宮有天府的吉星庇護，您的兒女爲數必不少吧！兒女們各自長大成人後，必也會爲了孝敬您而盡心盡力吧！但萬一有凶星同宮的話，雖也仍會有兒女，可是並不會帶給您多大的益處。

✣太陰星在兒女宮的人

您能擁有一群穩重的兒女。但却似乎稍有神經過敏的傾向。如有凶星同宮的話，則與兒女緣薄。太陰星在兒女宮的人所養育的兒女是感受性豐富、文才卓越的孩子，可能的話，儘量協助他們往這方面去發展才氣。

✣貪狼星在兒女宮的人

雖有子嗣，但經常迴避您、反抗您、並無法助您一臂之力。如再有武曲星同宮的話，孩提時候須要您費心照顧，但長大後可當您的左右手，協助您的發展。如僅有貪狼星在位，那麼您的兒女在獲得希望得到的東西之前，絕不會罷休吧！

✣巨門星在兒女宮的人

很可能沒有子嗣。如再有凶星同宮的話，那您這一生眞的別希望擁有兒女了！例外的是，如果兒女宮在酉之宮，同時又有其他吉星在位的話，可有數位兒女。一般而言，如與天同等吉星同宮，那麼親子間的感情融洽。

兒女屬於沈默寡言型，有時候獨自一個人發楞，根本不知道到底在想些什麼。

✤天相星在兒女宮的人

只要無任何凶星妨礙的情況下，兒女運豐碩，可擁有將來成大器的兒女。如有紫微星、文昌星、文曲星等吉星同宮，兒女必衆多。

✤天梁星在兒女宮的人

天梁星在兒女宮的人，第一個孩子是女兒的情況似乎較多見。雖是女孩，但大概也很活潑吧！再有天同、文昌、文曲等吉星同宮，兒女必很多。不過，萬一有凶星阻礙，您必無法生育兒女。

✤七殺星在兒女宮的人

七殺星也是絕後之惡星。卽使有了孩子，也非常任性，與您處在對立的尖銳位置上。但如有紫微星同宮，卽可化消凶意，能養兒育女。

✤破軍星在兒女宮的人

破軍星也是與兒女緣薄之星。卽使有子嗣，也是相當頑劣的孩子。如能有紫微星同宮助福，或許能成爲穩重的孩子。或有武曲星、文昌星、文曲星同宮的話，卽使有破軍的惡星在位，仍可生兒育女。如無福星且又有其他凶星阻礙時，可能生子無望，或卽使有，親子間的情感絕不融洽。

✤文昌星在兒女宮的人

能受兒女福蔭的吉星。可養育腦筋聰明的兒女。如再有其他吉星同宮，兒女衆多。或者有文曲星、天府星的福氣影響的話，您的兒女必有相當好運的運勢。

✤文曲星在兒女宮的人

您的兒女天生擁有藝術上的資質。親子間天倫之樂融融，絕不會有任何爭吵之事出現。但萬一有凶星同宮的話，很難生兒育女，即使有兒女，也經常爭執不休。

金錢宮

探究您的財運之宮

您是儲蓄派呢，還是活用派呢？

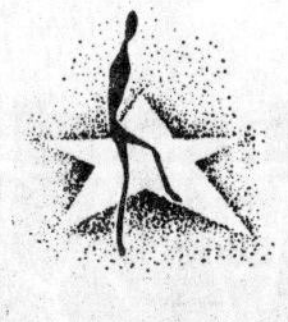

金錢宮除可觀察您的錢財運之外，就更大的範圍而言，還可探查您這一生的經濟是否富裕，是否衣食無憂呢？

金錢宮內有吉星同宮者，當然財運絕佳，但如與財運有直接關係的吉星能進入的話，那您這一生絕對衣食無憂、財寶如山。例如，紫微星、天府星、廉貞星等吉星是掌管金錢之星。太陽星、太陰星、貪狼星是守財之星。以上所列的皆屬吉星，但原本被視之爲凶星的七殺星，如進入金錢宮內時，則被判斷爲小吉之星。

另一方面，天機星原本爲吉星，但只有在金錢宮內的場合却是邪惡之星，因此金錢宮內有天機星，其身爲吉星的良性作用微之又微。

像前述的數宮一般，首先找出您的金錢宮屬於十二支的哪一宮。如您的金錢宮無任何星在位，以下的暗示就是您金錢宮的運勢。

【金錢宮在子】金錢的運轉平穩流暢，能夠活用金錢。

【金錢宮在丑】可能您是個非常吝嗇，從不使用金錢，只是屯積起來的用錢哲學家吧！

【金錢宮在寅】該用的金錢慷慨地掏出，用錢的態度很瀟洒。

【金錢宮在卯】用錢態度拘謹，無法巧妙地利用金錢。

【金錢宮在辰】正經地儲蓄金錢，另一方面又能高明地運用儲蓄金。

【金錢宮在巳】用錢方面相當有節度，所以這種人絕不想把金錢用在賭博方面。

【金錢宮在午】花錢非常大方，但同時能回收相當的代價。

【金錢宮在未】光是一味地儲蓄金錢，無法加以活用。

【金錢宮在申】先嚴格地計劃用錢之道的人。因此用錢時也是精打細算。

【金錢宮在酉】由於本身的價值觀不斷地改變，所以使用金錢的方式也反覆無常。

【金錢宮在戌】雖然儲蓄，但絕不吝嗇。熟知正確地用錢之道。

【金錢宮在亥】用錢方式顛倒。大量地虛擲金錢，收入卻微薄得可憐。

✤進入金錢宮的群星　　您是否有財氣呢

✤紫微星在金錢宮的人

生於富裕的家庭內，受財運之福。但如有妨礙財運的凶星同宮的話，紫微星卽無法發揮其福星的效果。

與天相星同宮時精於儲蓄，與天府星同宮者，一生不愁源源而來的金錢。

如有七殺星同宮的話，可能會中愛國獎劵，或獲得巨額的遺產等等，突如其來地平添大量的金錢。

✤天機星在金錢宮的人

天機雖貴爲吉星之一，但與金錢的緣份極爲薄弱。雖收入不錯，但如不經相當的努力克制，絕無法儲存金錢。如有巨門星同宮，靠您本身的努力卽可致富。與天梁星同宮時，運用策略可淨賺可觀的財富。

✤太陽星在金錢宮的人

金錢運豐裕。特別是有吉星同宮的話，可期待賺大錢的日子降臨。如有巨門星同宮，勤儉地努力工作，且可留下財產。

✣武曲星在金錢宮的人

武曲星是掌管金錢之星之一，所以只要金錢宮內有武曲星，則您這一生不愁金錢的來源。不過，如武曲星正位於不能發揮絕大效用的十二支宮內的話，即使承受大量的財產也將在短期間內用光，或無法保持長久。與七殺星同宮時，可白手起家，同時能擁有可觀的財產。

✣天同星在金錢宮的人

以自己個人的力量白手起家，獨自掌握賺錢的機運，但開始賺大錢則從中年以後開始。與天粱星同宮者，可成爲相當有力的資產家。

即使有凶星同宮，如能選擇醫生、學者、藝術家、算命家的職業，仍具相當不錯的財運。

✣廉貞星在金錢宮的人

金錢宮位於寅或申之宮，同時又有廉貞星在內者，必是相當熱衷於賺錢的人，因此能賺取可觀的財富，但仍須相當的努力才行。

與天相星同宮者，在富裕的家庭中成長。與貪狼星同宮的話，本以爲可賺一大筆，結果却一文不名，金錢運有極端的變化。如再有其他凶星同宮時，常用不正當的卑劣手段賺取金錢。

✤天府星在金錢宮的人

金錢宮的天府星是衣食無憂的吉星。再加上其他吉星同宮扶助的話，更可使您的事業大放光明。特別是有紫微星同宮的話，您將來或許是富甲天下的大富豪。與廉貞、武曲兩星同宮的話，晚年必大富大貴吧！

雖天府的吉星在位，如有其他凶星阻礙的話，不是經常奔波借貸就是浪費成癖，最好詳加留心。

✤太陰星在金錢宮的人

太陰星是與財產有緣之星。再與天機星同宮的話，從身無分文而賺取相當的財

◆進入金錢宮的群星　　您是否有財氣呢

產。與天同星同宮的話，經常會碰到賺大錢的機會。或與其他吉星同宮時，能儲蓄入手的金錢，成為相當的財產家。

◆貪狼星在金錢宮的人

貪狼星是欲求激烈之星，因此常會意想不到的獲得巨額的金錢。同時欲求之物必千方百計弄到手，所以金錢運也相當旺盛，不須多大的努力即可經常獲得金錢。與紫微星同宮的話，白手起家，逐漸蓄積財富。有凶星在位的話，雖中途會遭遇某些麻煩，但結果仍同樣可獲得相當的金錢。

◆巨門星在金錢宮的人

您的財產並非得自雙親，全是自己一手獨立開創而得到的。如有天同星同宮，此傾向更為强烈。巨門星本是掌握物欲之星，對金錢的感覺相當敏銳。與天機星同宮者，僅能獲得工作所得的金錢，但仍可蓄財。

◆天梁星在金錢宮的人

如金錢宮位於辰、午、未、戌等宮內，又有天梁星在位時，您必出生於經濟富足的家庭內，一生不愁爲金錢所苦。但如您的金錢宮有天梁星，但却位於巳、申、亥之宮內的話，雖有雙親的大量財產，不過無法守成，不多久卽花費一空。

與天同星同宮者，遠離雙親，賴自己的雙手賺取財產。與天機星同宮的人，努力所得的金錢蓄積成財產，遺給後人。

✤天相星在金錢宮的人

您可富裕地渡過一生吧！如再有紫微星同宮的話，金錢運更加地活潑，加上安定的收入，經常會遇到賺大錢的機運。

與武曲星同宮者，熱衷於運籌策劃各種策略以賺大錢。與廉貞星同宮者，可因買賣而致富。

✤七殺星在金錢宮的人

本來七殺星被視之爲凶星，但就金錢宮的運勢來看，金錢宮內的七殺星是小吉的功用。金錢運不錯。

在賺錢方面有自成一格的方式，或遵循一定的規則，絕不脫離其正軌是這類人的特徵。

✤破軍星在金錢宮的人

金錢運相當强，但如位於巳或亥之宮內，或有武曲星同宮的話，良好的運勢也因之而消失。但如與紫微星同宮者，人生的後半期大開金運。與廉貞星同宮者，辛勤努力地工作，能勤儉而積蓄錢財。

✤文昌星在金錢宮的人

至少您不愁被金錢所拘束。但如位於寅、午之宮內的話，減弱文昌星的效力，財產也無法累積，且在瞬間卽花完。

✤文曲星在金錢宮的人

具有適應狀況須要，而將手邊的錢財高明運用以致富的長才。不過，這類人似乎不善於儲蓄。如有凶星在位，形成浪費癖，好不容易賺到的錢財，不久卽浪擲得一文不剩。

健康宮

觀察您的健康之宮

您健康上的危機在何處呢？

從健康宮可以觀察您的健康狀態，以及易患之病。

金錢運與戀愛運等，只是附隨於您身邊的運勢而已，端看您自己的造化，但是您個人的健康却是宿命，而且是直接關係到您自己本身的問題。疾病和受傷，是您的肉體本身所產生，命運盤關係到您一生的健康。

因此，金錢運只觀察金錢宮卽可，戀愛運只觀察愛情宮卽可，唯有您的健康運，却必須從整個命運盤上着眼。尤其須從命宮、身宮的內容上鑑定，分析其全盤性的强弱，然後再對照健康宮，這樣就能具體地掌握健康宮的梗概。

首先觀察健康宮位於十二支的哪宮內。從這裏就可看出您易患哪一種疾病。此外，健康宮內如無任何星進入時，以下的暗示，就是您的健康狀況。

【健康宮在子】易患生殖器系統的疾病。膀胱、尿道炎的疾病。聽覺的障礙，及廣泛意義的水難等。

【健康宮在丑】易患胸部的疾病。肋膜炎、胃病、脚部的故障等等。

【健康宮在寅】易患膽囊的疾病。關節、脛部的疾病。神經痛、風濕病等等。

【健康宮在卯】易患肝病。顏面神經痛。及失眠引起的神經衰弱。

【健康宮在辰】易患消化器官的疾病。及脊髓的疾病、皮膚病等等。

【健康宮在巳】易患喉部疾病、感冒、牙痛等。

【健康宮在午】易患心臟病、視覺、味覺的障礙。及廣泛意義的火難。

【健康宮在未】易患消化系統的疾病。胰臟、健忘症、疲倦感，及手腕、嘴唇的障礙等等。

【健康宮在申】易患呼吸器官，特別是肺部的疾病。以及消化器官，特別是大腸的疾病。

【健康宮在酉】易患吐血、痢血的病症。及小腸的疾病。腦出血、及頭、腕部的障礙。

【健康宮在戌】易患下半身的疾病。及子宮的疾病。痔瘡、脚的障礙等等。

【健康宮在亥】易患排泄機能障礙。及腎臟、尿道的疾病、偏頭痛等。

接着讓我們來分析進入健康宮內的諸星之作用。

✤進入健康宮的諸星／您的弱點在何處呢

✤紫微星在健康宮的人

您的健康無任何危機。即使患病也宛如健康的人，恢復得也比常人更迅速。但苦於過熱與過冷，過度疲勞是致病的主因。

✤天機星在健康宮的人

天機星相當於肝臟的病源之星，似乎易患與肝臟有關的疾病。遇有凶星同宮者，易患皮膚或眼睛方面的疾病。如與太陰星同宮的話，大概經常為腫脹而困擾不已吧！女性的話，可能也深為生理不順而苦吧！

✤太陽星在健康宮的人

太陽星相當於人體的心臟部位。因此太陽星在健康宮的人，易患與心臟有關的疾病，如有太陰星同宮的話，對眼睛更須絕對注意。有凶星同宮時，易患痔瘡、皮膚病、冷感症等等。

✤武曲星在健康宮的人

您在年幼的時候，大概會在臉部或手足等處留下傷痕吧！如位於丑、辰、未、酉、戌等宮內的話，傷勢並不嚴重。如有凶星同宮的話，終您一生必疾病、受傷不斷吧！

武曲星相當於肺部，或許易患肺系統的疾病吧！

✤天同星在健康宮的人

終您一生，疾病或受傷的機會較他人更少吧！如與巨門星同宮，或與天梁星同宮，且又有其他凶星同宮的話，恐有罹患心臟病之虞。

✤廉貞星在健康宮的人

幼年時期曾受傷或受腫疱之苦，及患足腰的疾病吧！如有其他吉星同宮者，健康絕對沒問題。與貪狼星同，則易患眼部的疾病。如有其他凶星阻礙的話，恐會有神經痛、腰痛的毛病。

✤進入健康宮的諸星／您的弱點在何處呢

除此之外，廉貞星也被視之爲痔瘡、生理不順、性病的病源。

✤天府星在健康宮的人

很少被疾病或受傷侵襲，一旦患病治癒也非常迅速。與凶星同宮的話，易患胃病、脚氣病等等。與紫微星同宮的話，健康情況絕佳，無須躭心任何疾病。

✤太陰星在健康宮的人

如健康宮位於寅、辰、巳、午之宮內，必易患疾病。除此之外大可放心，不會有什麼妨礙。能與太陽星同宮更好，永遠健康。如與凶星同宮的話，很容易患眼睛疾病。

太陰星屬水，因此您必須留意因水而引起的疾病以及水難等等。

✤貪狼星在健康宮的人

貪狼星是有癖好之星，如單獨位於健康宮內的話，比常人更健康、安穩地渡過一生。但如健康宮位於巳、亥之宮時，則須謹愼。您須絕對留心肝病、皮膚病、頭部的受傷等等。

如有凶星同宮的話，似乎易患眼部的疾病。

✣巨門星在健康宮的人

巨門星在健康宮的人，似乎易患胃腸、胰臟等內臟的疾病以及皮膚病等。如與太陽星同宮的話，易患頭部的疾病，再與其他凶星同宮時，小心會因飲酒過度而患病，或過度放蕩而致病。

✣天相星在健康宮的人

天相星是疾病、傷勢稀少的吉星。如與紫微星同宮的話，大概一生與醫生無緣吧！但如健康宮位於卯、酉之宮內的話，很難以發揮天相星原本的作用，大概也易患皮膚病或黃疸等疾病吧！天相星又屬於水之星，因此也暗示泌尿系統的疾病。

✣天梁星在健康宮的人

天梁星是暗示難以患病，健康良好的吉星，如位於巳、申、亥之宮內，或與凶星同宮的話，須注意從胃部為始的腹部疾病。

✤七殺星在健康宮的人

七殺星就健康而言，是疾病之星。從小就是個病貓，成年後，又易患痔瘡、心臟等疾病吧！與廉貞星同宮的話，小心眼睛的疾病。

✤破軍星在健康宮的人

孩提時代常為腫疱所苦吧！與武曲星同宮者，易為眼病所苦。與廉貞星同宮者，手足易受傷。

✤文昌星在健康宮的人

如健康宮內僅有文昌一星在位的話，絕少患疾病，再有其他吉星在位時，可以放心，必不會遭遇什麼樣的意外吧！凶星在位的話，易為疾病所苦。主要的是須留心肺部及耳朵的疾病。

✤文曲星在健康宮的人

文曲星在健康宮內的人與疾病緣薄。如再有其他吉星同宮的話，健康狀況良好，一生與醫生無緣吧！如凶星在位，請留意腎臟及耳病。

移動宮

觀察您命運變化之宮

搬家或轉業能使運勢好轉嗎？

移動宮位於命宮的正對面，是給與命宮巨大影響的最重要一宮。視移動宮內是否有吉星在位或凶星在位，您的命運也因此受到左右。

此宮除可觀察您的命運變化之外，尚可判斷您身邊的變化、住居的移轉、工作的變化、職業的轉變等等。

進入移動宮內可帶來好運道的計有紫微星、天府星、天同星、天梁星、文昌星、文曲星、天機星、太陽星、太陰星等等。不幸之星有廉貞星、巨門星、武曲星、破軍星、七殺星等等。

首先找出移動宮在十二支的何宮內。移動宮內無任何星進入時，以下的暗示就是您移動宮的運勢。

【移動宮在子】像流水般順暢活動的運勢。正配合移動宮的十二支。

【移動宮在丑】行動容易受阻而停滯。無法輕鬆地移動。

【移動宮在寅】每次嘗試任何移動時，皆能順利地進展。大概不會有什麼障礙。

【移動宮在卯】常有意外的情況產生，頗無法順理成章的移動。

【移動宮在辰】動向方面有安定感，不可能橫衝直撞，或誤入歧途之虞。

【移動宮在巳】絕不會莽撞行事。謹守自我領域，採取愼重行動的人。

【移動宮在午】變化激烈的人，慷慨昂亢地活動，像大火焚身般行動急躁的類型。

【移動宮在未】命運的動向遲鈍，在各方面都顯得慢吞吞的。

【移動宮在申】一旦決定路線後恪遵到底，毫不通融。

【移動宮在酉】經常改變方向，不會固定於單一的前進道路上。不斷地移動、轉業。

【移動宮在戌】相當穩定。踏實地逐步前進。

【移動宮在亥】受潮流所左右，您無法依照自己期望般地活動。

✤紫微星在移動宮的人

由於積極地追求變化，所以能掌握住幸運。屬於活動家的類型。如有天府星同宮，則更能發展，如有天相星同宮，可在海外獲得成就。

不幸有凶星同宮的話，激烈的變化不斷，無法安渡平穩的一生。

✤天機星在移動宮的人

經由前往海外求發展，以及追求變化的轉業過程中，首次遭遇機運的垂青。如果長時間待在家中，或長期地停留於某處的話，相反的可能引致不少的麻煩。

如也有巨門星、天梁星同宮時，可以國外爲目的。您無妨隨心所欲地到海外去留學吧！

與太陰星同宮的話，雖可能遭遇不幸，但在不幸之中，也可碰到飛躍性的機運。

✤太陽星在移動宮的人、

太陽星雖是强運之星，但似乎仍無法安渡平穩無事的人生。利用旅行、轉業、搬家，或許可解決眼前的許多困擾。您是屬於可獲得年長者愛護的人，所以無論改變何種職業都不會有什麼困擾。

與太陰星同宮者，出外雖會遭遇不幸，但却反可因禍而致福。不過，如與巨門星同宮的話，每次轉業、搬家就更加一分的勞累。

✣武曲星在移動宮的人

變動游移不定的武曲星，又進入移動宮之內，因此您一生移動頻多，無法穩定下來。我們常說的搬家狂就是這類型的人。在工作方面，大概也很難在同一個地方待上三個月以上！或者會在調動、出差頻繁的公司任職！但您還是經常移動比較好。可能的話常到外面去！

如與貪狼星同宮的話，您作些什麼樣的生意，都可以獲得大成功。

✣天同星在移動宮的人

每當您遭遇某種變化時，必有年長的協助者出現，幫您渡過危險。而也更因人生上的不斷改變，使您的才能愈受到社會上的承認，所以如果您迷惘的時候，無妨毅然決定地轉業吧！尤其是與天粱星同宮的人，擁有更幸運的運勢。但如與巨門星或太陰星同宮的話，終其一生奔波勞碌不休。

✤廉貞星在移動宮的人

自我追求新天地，獨力開創命運之途，是富於獨立精神的人。此外，必有人站在您這邊永遠的支持您。但如永遠固定地停留於某處，則絕不會有什麼出息。這類型的人，一找到任何可以外出的藉口，必立刻往外跑，所以女性的移動宮內有廉貞星的人，不會是一個安於家庭內的主婦。

與貪狼星同宮者，採取更積極的活動則更可奏效。與七殺星同宮者，可在遠離故鄉的地方經營致富。不過，如福德宮、命宮、或愛情宮內有凶星的話，恐怕會在外地或外國喪命。

✤天府星在移動宮的人

天府星是涉及衣食住的吉星，所以卽使您搬家至他處謀生的話，不必擔心會失敗。運勢方面也沒有激烈的變化，因某種場合須轉變職業的情況下，大概能獲得年長者的提拔而出人頭地。

此外，當您想嘗試改變生活型態時，可能因此而碰上意料之外的財運。與紫微星同宮者，是相當不錯的發展家。如有廉貞星同宮的話，偶爾也可能遭遇一夜之間獲得巨款的機運吧！

✤太陰星在移動宮的人

移動宮在子、丑、酉、戌、亥等宮內，且又有太陰星在位者，人生變化越豐富運氣就愈佳。但如位於寅、辰、巳、午之宮內的話，最好不要過度地活動，平心靜氣而安穩地逐漸完成內心所想做的事情，似乎較爲合適。

與天同星同宮者，可白手起家而致富。太陰星與太陽星同在移動宮內被視之爲最佳狀況，雖稍有些許的波浪，但可逐漸使運勢好轉。

✤貪狼星在移動宮的人

變化多端的人生，大概終日爲轉業、搬家所苦吧！但是如果肯繼續努力的話，也可獲取意料之外的收入吧！

特別是有武曲星同宮時，或許突然繼承類似遺產等的大量金錢。不幸有凶星同宮的話，您最好覺悟此生必遭遇重大的災難。

✤巨門星在移動宮的人

巨門星是勞苦之星。每遇到任何變化時總有倒楣的事臨頭。例如搬家後發現新居是設備不全的住宅，或轉業到新公司時才知道此公司紛爭不絕，或甚至於不久卽關門大吉等等，反正走到哪兒哪兒就有倒楣事在等着。實在沒有時間保持心情的平靜。可能的話，凡事盡量不求變化，卽使遭遇任何不愉快的事件，最好也能隱忍在內心裏。

✤天相星在移動宮的人

天相星是純粹的吉星。卽使面臨着決定性的轉換期，可以冷靜地判斷而安渡危機。轉業或搬家的話，也必能圓滿完成吧！由於穩重謙和的個性使然，卽使進入陌生的新環境，仍可受長官的照顧、提拔。如有紫微星在位的話，更是幸運的變化運。

您是否應該移動呢／✤進入移動宮的諸星

此外，與武曲星同宮的話，向外發展可創業有成，財源滾滾。

✤天梁星在移動宮的人

天梁星在移動宮的人鴻圖大展，前途無量。對您來說，命運的變化，就是提高您社會地位的機緣。在您轉業、海外留學、旅行等追求變化的過程之中，能結交有能力者，並得其協助成就一番偉業。

如能與天同星同宮是最理想的鴻運。此外，如與天機星同宮的話，也許走文學或藝術方面較理想吧！

✤七殺星在移動宮的人

七殺星在移動宮內的人，似乎無法安處於家，須得渡過浪跡天涯的一生。即使就業，也立刻想從事某種新工作而離鄉他往。但如與武曲星同宮的話，在不斷的轉變之中，卻反而能夠掌握機運。與廉貞星同宮者，可離鄉而致富。與紫微星同宮者，為求達到目的，必須改變您目前的生活方式才成。

✤破軍星在移動宮的人

當您認爲「總算安定下來了」的時候，身邊突然又出現巨大的變化，轉業後却更爲辛苦……或許您常被這類惱人的事所困擾著。不過，如您的移動宮雖有破軍星在位，且又位於子、辰、午、戌、亥之宮內的話，因身邊環境的變化，反而能使您自身從來沒被發現過的才能大放異彩，而輝煌地發展。或許會辭去公司的職務，而搖身一變爲作家或插畫家吧！如有文昌星、文曲星在位者，變化較少，可安渡平穩的人生。

✤文昌星在移動宮的人

卽使一再轉換職業，仍可獲得上司的器重，成爲一方的雄長吧！同時，你愛好旅行而到處流動，且在每次外出旅行時，可獲得某方面的收穫。留學也能帶來好運。但部下運却不太好，說不定您會被部下所出賣，或因部下的行爲而引起大困擾吧！

✤文曲星在移動宮的人

您的運勢無論對內或對外都相當穩定吧！家庭內或您的周圍當然不用說，即使在公司內，也甚少出現急劇的變化吧！由於精神上的安定使然，所以您絕不會有外出旅行以遺忘一切，或改個職業看看會變成如何等等的欲求吧！此外，靜止不動是達成您的目的之最佳途徑。如再有其他吉星在位的話，每當身邊出現任何變化時，必有上司協助您安度危機。

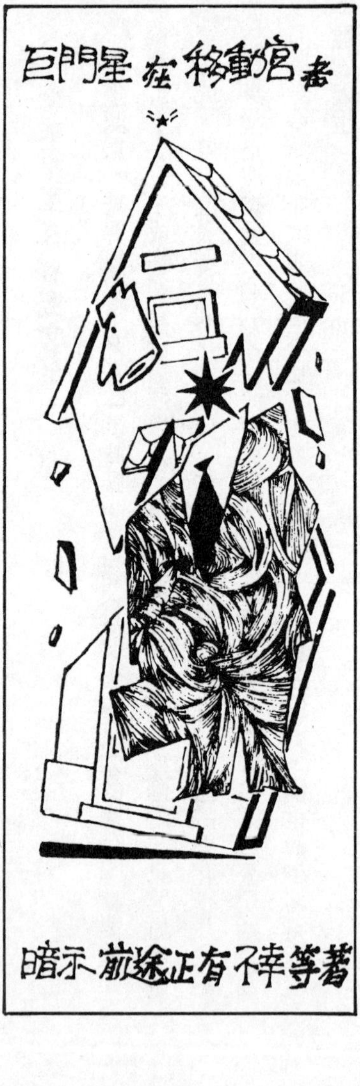

部下宮

觀察您的部下宮之運勢

您可把工作託付與部下嗎？

從部下宮可判斷您與部下、公司的同仁、年少的朋友、以及後期學弟妹們之間的關係如何。如果部下宮强勢且吉星多的話，您可受部下們的尊崇與愛戴，同時可擁有才幹出衆的部下。但是，相較之下，部下宮如果比命宮或身宮更强烈的話，您反而會被部下所操縱。因此，如果想要眞正的使喚部下，運用部下，您的命宮與身宮必須是强勢才行。

首先找出您的部下宮位於十二支的某一支內。無任何星進入部下宮時，以下的暗示，就是您部下宮的運勢。

（註：假若您並沒有任何下屬的話，部下宮可用於判斷您與年少的朋友、同事、及學弟妹間的關係之强弱）。

【部下宮在子】 您的部下是腦筋聰明、敏捷的類型。

【部下宮在丑】就像一頭牛那般慢吞吞的遲鈍部下。

【部下宮在寅】可擁有洒脫、開朗的部下。

【部下宮在卯】依賴心强，非得您照顧入微不可的部下。

【部下宮在辰】穩重而且足以倚重的部下。

【部下宮在巳】可得彬彬有禮而愼重的部下。

【部下宮在午】您的部下好像都是脾氣躁烈、橫衝直撞的人。

【部下宮在未】您的部下與其說是老實正直，倒不如說是痴呆遲鈍。並不怎麼有才能。

【部下宮在申】死鑽牛角尖絕不通融的部下。您很難與他相近。

【部下宮在酉】性格飄忽不定的部下，絕無法信賴。或部下易變心。

【部下宮在戌】不爲外物所惑，心胸寬大的部下，足可託與任何重任。

【部下宮在亥】自己沒有主見，隨波逐流的部下。

以下我們再來觀察進入部下宮的諸星吧！

✤進入部下宮的群星／您可以有得力的部下嗎

✤紫微星在部下宮的人

您與您的部下都相當有魄力，可共同開創一番事業。如與天相星同宮者，您是形單影隻的存在吧！

假設您有這麼些好運道，但却正位於「空亡」之運內的話，部下會因對您的懷恨而離您而去。

✤天機星在部下宮的人

能擁有腦筋聰明才幹卓絕的部下。但如果您的部下宮位於丑、未之宮內，或正在「空亡」的位置時，部下與您必互相交惡。

與太陰星同宮，無法獲得部下的協助。與巨門星同宮者，能得才幹超人一等的部下輔佐。

✤太陽星在部下宮的人

太陽星是運勢强烈之星，可得活躍的部下，但如位於丑、戌、亥宮內的部下宮者，部下的個性强硬而敵視您。與太陰星同宮者，有許多年少的友人，有巨門星同宮者，與部下感情融洽。

✤武曲星在部下宮的人

武曲星是變動激烈之星，例如您與許多年少的友人到處飲酒作樂，如您的言行稍見惡劣的話，這些朋友必立即離您而去。與天府星同宮者部下很多，有天相星同宮者，能擁有足以信賴的部下。但如與破軍星同宮的話，與年少的友人爭吵不休。

✤天同星在部下宮的人

天同星在部下宮，表示您可擁有實力派的部下。與巨門星同宮者，剛開始時和部下格格不入，不久之後，因工作上的相處而互相了解，終能融洽地相處。與太陰星或天梁星同宮者可得有實力的部下。

✤廉貞星在部下宮的人

✤進入部下宮的群星 ／ 您可以有得力的部下嗎

大概常被反抗的部下所惱吧！位於亥之宮內者，會被部下所背信。至晚年後可得有力的部下之輔佐。與貪狼星同宮者，您純粹是部下們利用的工具而已，與七殺星同宮者，常被友人出賣。與天同星同宮者，年少的朋友、部下很多。

✤天府星在部下宮的人

靠部下之力可更擴展您的工作。與可信賴的部下兩人同心協力地苦幹，必可闖出一番成就。有紫微星同宮的話，在年少的朋友擁戴之下大爲活躍。與武曲星同宮者，是年少的朋友所崇拜的對象。

您的部下是稍似慢郎中的拖拉類型人物，因此，您最好經常地督促有加才行。

✤太陰星在部下宮的人

太陰星在位且又在子、丑、酉、戌、亥等宮內的話，可得忠心的部下之助，此外之宮者，部下性情游移不定，絕不可託與重任。與天機星同宮的話，最好不要將任何重要的工作委託他們。

或許您也會與年少的異性間萌開純粹的友情。

您可以有得力的部下嗎／✣進入部下宮的群星

✣貪狼星在部下宮的人

不太可能獲得部下的輔佐。如是女性的部下必好勝心强。此外，年少的朋友很少，即使有的話，其實也只是純粹地想利用你而已。

✣巨門星在部下宮的人

只要還有太陽星同宮的話，您必可得到有才幹的部下之助，除此之外，與部下無緣。更因部下的過失行爲，而讓您到處奔波處理。

您的部下喜歡獨自爲事情煩惱而不願與您商討對策。所以您最好主動的提出問題，徵詢他們的意見吧！

✣天相星在部下宮的人

中年以後可得能力優秀的部下。如果您想與比您更年少者籌組公司進行某種事業的話，從四十歲開始較妥當。與紫微星同宮者，受到許多年少者的崇拜。與武曲星同宮者，則受部下或同仁的厭惡。

✤天梁星在部下宮的人

獲得部屬及年少的友人之協助，您的事業進展一帆風順。與天同星同宮者，可得心腹之部下。同時，年少的朋友都願意接近您，樂意爲您工作。但是與天機星同宮者，暗示主從間貌合神離，因此可能會被部屬所出賣，或與年少的友人爭執不斷。

✤七殺星在部下宮的人

您的部屬對您而言是相當危險的存在。花言巧語地奉承拍馬屁，其實暗地裏却在進行他自己的勾當。七殺星與武曲星同宮者，似乎常被部屬的反抗性態度所惱。七殺星與廉貞星同宮者，是無能的部屬，在緊急的時候，毫不能幫上任何的忙。

✤破軍星在部下宮的人

如部下宮在子、辰、午、戌、亥之宮內，且又有破軍星在位者，您的部下是實力者。雖然年紀尚輕，但相當有才幹的友人也不少。破軍星與紫微星同宮者，部屬

✤進入部下宮的群星　　您可以有得力的部下嗎

或年少的朋友常在暗中協助您。

除此之外的各宮內之部下宮者，會受到部下之怨恨而被部下所出賣。同時年少的朋友反而恩將仇報，暗箭傷人。有武曲星同宮者，與部下爭執而分手，有廉貞星同宮者，部屬與朋友都是平凡之輩。

✤文昌星在部下宮的人

如此星單獨存在於部下宮的話，您的部下熱心於研究工作，富於獨立心，因此可充分地當您的左右手而大展才華。不過，如位於寅、午、戌之宮內者，感情交惡，或甚至被出賣，這一點一定要小心。

✤文曲星在部下宮的人

您的部下屬於踏實的學者類型，可充任您的軍師而對您的工作大有助益。在小組性活動或集體性活動上，例如會計方面、會報方面等工作，必充份地發揮他的才智吧！但於午、戌之宮內者，部下稍嫌輕浮，無法託付重任。

職業宮

觀察您的職業之宮

選擇什麽樣的職業較合適您呢？

職業宮主要的在觀察您的職業。職業雖不分貴賤，但却有吉凶之分。從您能否從事配合您的素質、才能之職業，以及收入的多寡，社會地位的高低等各方面來分析，卽可判斷您的職業之吉凶。

廣泛而言，職業宮的十二運旺盛，且又有吉星入位，無凶星阻擾時，可謂之爲吉，若非如此，卽屬於凶。更可從進入職業宮的各星，判斷您是否稱職、適職，以及與上司之間是否和諧、融洽。

首先，找出您的職業宮在十二支內的哪一宮，單從此處就可大略判斷您適合從事哪一種工作。

如沒有任何特定的星進入職業宮內的話，以下的暗示就是您的職業運。

【職業宮在子】可當藝術家、政治家、事業家，特別是與水力、流通、金融等有關的工作，從事色情方面的工作也不錯吧！

【職業宮在丑】從事與金屬、機械有關的工作。或技師、教師、公務員、學者。

【職業宮在寅】從事醫生、護士、褓姆、律師等工作。

【職業宮在卯】宗教家、教育家、文學家、美術評論家、電影、戲劇工作者。

【職業宮在辰】教育家、宗教家、實業家、政治家、律師、礦業、介紹業。

【職業宮在巳】思想家、著作家、評論家、警官、軍人。

【職業宮在午】醫生、護士、厨師、政治家、宗教家、技術者。

【職業宮在未】土木、建築業、技師、社會事業家、作家。

【職業宮在申】料理研究家、介紹業、一般商業、學者、金融業。

【職業宮在酉】教育家、學術研究家、文藝評論家、編輯、技術業。

【職業宮在戌】詩人、作家、音樂家、投機業。實業方面則與金屬、機械、糧食有關者。

【職業宮在亥】外科醫生、技術者、僧侶、貴金屬商。

接着我們再分析進入職業宮的各星。

✤紫微星在職業宮的人

位於丑、寅、巳、午、未、申、酉、亥的任何一宮內，且又有文昌星、文曲星同宮的話，你可爬昇至相當高的社會地位。在私人公司內任職必有出人頭地的一天。紫微星在職業宮的人，一般都可託工作之福，也似乎與注重禮儀的職業有緣。與破軍星同宮者，在各方面的活躍導致事業的成功。

不過，如果紫微星的負面作用之發揮勝過正面的吉星效果的話，您無法隨心所欲地行動，只能踏實地步步前進，當個平凡的職員吧！

✤天機星在職業宮的人

天機星也是吉星，在工作方面，您必可經常碰到使您成功的大好良機。你具有思考各種主意且加以靈活運用的名策劃者之天資，所以如果從事廣告或企劃、編輯等方面的工作的話，必可完全發揮您的實力吧！與太陰星同宮者，可因他所從事的職業而使他名揚天下。

應付逆境的能力堅强，但是一旦決定往哪個方向前進後，絕不隨便更改既定目標，也因爲這種執着的態度，致使工作上的失誤變成情緒低落的原因。因此，最好不要使自己經常處在精神緊張的狀態下才好。

✤太陽星在職業宮的人

行動力充沛的您，經常比別人搶先一步，佔在領導的地位上指揮別人前進。就職後，更因奮鬪不懈的熱心態度，不久之後卽向成功之道邁進。同時您也具有身爲作家的天資。不過，由於自視過高，常會無視於同事的存在，獨自一個人莽莽撞撞的向前衝，這一點自己應稍加收歛。

如再有其他吉星存在的話，在工作崗位上可留下光輝的功績。但如位於申、酉之宮內，太陽星的威力被削弱，儘快活躍的華麗場所減少，您只能當個平凡的社會人吧！

✤武曲星在職業宮的人

武曲星也是掌管財運之星，無論走到什麼地方，您必可獲得一份固定的高收入工作。如再有文昌星或文曲星同宮的話，當個公務員可以出人頭地。

紫微星在職業宮的人
必能出人頭地

您對工作方面的態度相當誠摯認眞，幾乎已達到毫不通融的强硬程度，所以適合財務或會計的工作。但武曲星同時也是暗示着變動之星，所以恐怕在工作中會捲入意料之外的漩渦，或甚至在勞資糾紛中失敗而遭解雇。尤其是有貪狼星、破軍星、七殺星等同宮的人，更須要特別注意，以免經常在騷擾不安中渡日。

✤天同星在職業宮的人

只要沒有任何其他凶星阻礙的話，無論從事哪一種職業都能獲得成功。如果再加上文昌星或文曲星等吉星在位者，自己經營公司不但可完全地成功，也可名利雙全。在工作崗位上，男女都是才幹十足，受公司器重的人才型人物。同時天同星在職業宮的女性大都屬美人，說不定還有望被提升爲秘書呢？

天同星暗示着順利平穩的職業運之外，另一方面也有江郎才盡，被認爲是根底淺薄而喪失信用的危險。天同星在職業宮且位於巳、午之宮內的人，因爲過度地涉及於多方面的事物，所以，結果只能成就小局面的事業而已。

✤廉貞星在職業宮的人

廉貞星是氣勢磅礴之星，從前的人，認爲適合當軍人，現代如果從事競爭激烈的電視電影界，或職業運動家的話，必然會立刻展露頭角吧。如果您現在只是個平凡的公司職員，應該趁早積極地佈署計劃一切，以期早日出人頭地。可能範圍內，盡量避免與上司的衝突，克制自我，否則的話，你將在公司內處於非常不利的地位。

如與貪狼星同宮的話，由於不斷努力的結果，可獲得相當的地位。與天相星、天府星同宮者，無論從事何種工作，都可致餘裕。

✤天府星在職業宮的人

從事公務員或教師的職業，可完全發揮實力。如職業宮位於卯、亥之宮內，且又有天府星在位者，可在文筆方面獲致成功。天府星在職業宮的人可獲年長者的垂愛，並因之而出人頭地，大展鴻圖。工作安定，收入也相當可觀。但如果此星展現劣性面時，其人卽成爲俗不可耐的人物，滿腦子所想的盡是如何賺錢的問題。

與紫微星同宮者，可揚名於世。

✤太陰星在職業宮的人

您最適合須要冷靜判斷的智性職業。如果從事電腦程式設計師、律師、秘書、編者、或設計技師的話，可活躍於社會上。但如職業宮位於巳、午之宮內者，則演變成好高騖遠的職業運。此外，由於太陰星相當於水之精，所以其特徵是容易像水一樣飄蕩不定，職業上也多變化，並不是能夠沈着地固定於某一件事物上的那種人。

有天同星同宮者，文筆不錯，朝寫作之途努力應很有成就。與天機星同宮者，暗示長久的辛勞終於苦盡甘來，開花結果了。

✤貪狼星在職業宮的人

貪狼星是對各方面都顯示旺盛的慾望之貪婪之星，只要確立方向後，其奮力不懈的精神，不亞於任何人。另一方面，因爲是自我主張强烈的人，所以似乎不適合與人合夥做生意，或受人指揮的職業。經常像獨行俠一般，永遠面對未知世界挑戰的工作最適合您。

您的缺點是過於貪心，以及過於熱衷執着。因此，卽使已經步入錯誤的方向，仍毫不知覺地繼續深陷其中。前面已說過，您不適合與他人合夥經營，但卻須要有個人經常給你適切的勸導。只要沒有凶星阻礙的情況下，你絕不會只當個平凡的公司職員而已。

✤巨門星在職業宮的人

巨門星苦於應付抽象性的事物，而擅長於具體性的事物。這種個性同時反應在職業方面，選擇能夠明晰地掌握其實體性的工作，例如醫生、廚師、製造業、美容師、工藝家、會計師等都不錯。您是天生正直的人，一旦開始行動卽專心致志於工作上。

同時也熱衷於賺錢。但由於過度地重視金錢，恐會在背後被批評爲小氣鬼，或因金錢的糾紛而與人衝突。另外，您是屬於深藏不露，毫不對他人表明心跡的人，因此同事們可能會因此而敬而遠之。就您的職業而言，平穩的人際關係，是您所必須經常留意的。

如有太陽星同宮，或許經常變換職業吧！有凶星阻礙者，恐怕會失業。

✤天相星在職業宮的人

天相星是美與和平之星。富於柔輭性，待人接物方面也很優秀。如從事須要人際關係協調的職業，如接待業、旅遊業、保險業、推銷業、自由投稿人等等，必能完全發揮您的天份。

不過，對於工作有强烈的完全主義之傾向，所以常認爲其他人所做的工作不夠完善。甚至於批評他人的績效如何，終招致同事的反感。天相星屬於水，因此天相星在職業宮的人也很聰明。在公司內可能被視之爲幹才吧！與武曲星、廉貞星同宮者，到外國去可獲得事業上的成功。

✤天梁星在職業宮的人

如您的職業宮屬午且又有天梁星在位的話，暗示你日後無疑的必成爲大人物。天梁星是主宰權威與文章之星，所以無論您從事什麼樣的職業，大概都能夠發揮領導人物的統御才能吧！你最適合的職業是實業家、職業運動員、教師、政治家等，再加上卓越的文筆，如當個新聞記者或作家也相當有成就吧！

天梁星屬土，土的良面出現時，度量寬宏，職業上的來往也能得到他人的信任，如惡面顯現時，辦事草率，無疾而終，將被批評為一味追求自己利益的人。

✤七殺星在職業宮的人

七殺星在此處是權力之星。武曲、廉貞兩星同宮的話，可得到社會性的權力。但是，為求出人頭地，可能會用不擇手段的方式。周圍的人，對您的批評，好聽一點的或許稱讚您是「豪傑」，難聽一點叫「態度高傲」。只要是競爭越激烈的工作場所，就愈能使您的才幹發揮得淋漓盡致，所以也可以說愈困難的職場，才正是您展露實力的大好時機。

此星屬金，所以為求盡善盡美的工作，絕不妥協，所以如果與他人合夥經營生意時，說不定因為您這種嚴謹的個性，而經常籠罩着不愉快的氣氛。

✤破軍星在職業宮的人

破軍星在職業宮的人，最適合於當治安人員。特別是有廉貞星同宮者，絕對不適合自由業，應選擇嚴肅的職業較佳。破軍星本屬鬪爭之星，受到一般地厭惡，但同時又受水的影響，所以傾向於知識性作業的工作。缺點是無法安於固定的職業，易於一再地轉變職業，以及工作時常有情緒不穩定的現象。此外，破軍星在職業宮的人，似乎無法儲蓄金錢，到手的金錢大概很快就花完吧！

破軍星在職業宮的女性，大都是職業婦女。

✣文昌星在職業宮的人

文昌星與太陽星同入職業宮者，必成爲政治上的大人物。或天府星、文曲星等星也同宮的話，職業方面可賺大錢。文昌星是主宰學問之星，如果當學者、研究家、教師、或作家的話，必更可發揮你的才幹吧！與其被埋沒在大公司裏，倒不如自己出來闖天下，才更有成功的機會。

工作方面因有理想主義的傾向，對半途而廢的結果絕不滿意。是積二十年以上的精力，埋頭於某項研究，而毫不對自己學說有任何動搖意念的學者類型。

✣文曲星在職業宮的人

文曲星與文昌星類似，都是與學問、藝術有關之星。觀察力敏銳、表現能力也卓越，因此適合於報導作家、小說家、繪畫家，以及大衆傳播有關的工作。同時也適合宗教方面的工作。

文曲星屬水之陰，雖不如文昌星那般的豪華壯麗，但仍可擁有平穩的職業運。缺點是雖事前各種計劃周詳，但結果却無法完全遂行計劃，或者易受到周圍的氣氛所左右。

與天機星、太陰星同宮者，在公司內能爬昇至主管級的人物。

資產宮

觀察您的資產運之宮

在何處建房屋較佳呢？

從資產宮可看出您這一生是否能夠獲得土地、房屋等不動產。有吉星在位者，當然可能擁有不動產，相反的，吉星的勢力減弱，或有凶星阻礙的場合下，或許與不動產無緣吧！從資產宮也可判斷出住宅的買賣性如何。

首先觀察資產宮進入十二支內的何宮？資產宮內無吉星進入時，以下的解說，就是您的資產運的暗示。

【資產宮在子】暗示您的不動產源源而來。

【資產宮在丑】可擁有大量的不動產。但却欠缺靈活地應用這些不動產的能力。

【資產宮在寅】暗示不動產逐量增加。與鄉村有緣。

【資產宮在卯】雖有不動產之賜，但其量不大。

【資產宮在辰】資產運的標準類型。可巧妙地運用相當龐大的不動產。

【資產宮在巳】謹愼地保守着資產，似無大發展之望。

【資產宮在午】像燃燒地火焰般旺盛之運。雖也可擁有龐大的不動產，但須得提防火焰燒燃過度而熄滅。

【資產宮在未】渡過平靜無事的每一天之後，在不知不覺之中已擁有不少的不動產了。

【資產宮在申】與其想有效地運用不動產，倒不如在管理方面勤下功夫來得有用。

【資產宮在酉】動盪不安，辛苦獲得的不動產也不得不拱手讓人。

【資產宮在戌】這也是典型的資產宮運，可巧妙地運用龐大的不動產。

【資產宮在亥】暗示爲不動產而奔波，或終歸於空無。

接着我們再觀察進入資產宮的群星。

✤進入資產宮的諸星／您可擁有什麼樣的不動產呢

✤紫微星在資產宮的人

擁有土地、房屋。從經營公寓開始着手可致富。如有凶星同宮阻擾時，好不容易賺到的不動產，到頭來也不得不拱手讓人。紫微星與土有緣，可能的話，盡量移住於多土的地方較適合吧！

✤天機星在資產宮的人

天機星在此宮屬獨立之星，離家獨自闖天下，開創完全屬於自己的土地、家產，但免不了或沈或浮的不安定吧！資產宮在卯，且有巨門星同宮者，與不動產有緣，但如在酉之宮內的話，雖可承繼祖先遺留下來的土地家屋，但結果仍不得不拱手送人。

天機星與天梁星同宮者，可獲由雙親而來的不動產，且又能更爲擴大其數量。與太陰星同宮者，自我成家立業。應往多綠地之處，東方大吉。

✤太陽星在資產宮的人

✣進入資產宮的諸星／您可擁有什麼樣的不動產呢

資產宮在丑、辰、巳、午、未、戌等宮內，又與太陽星同宮者，可獨自承繼祖先的資產，但晚年則是凋零的命運。一般而言，不動產運皆很旺盛，但缺點是無法永久地維持。巨門星與太陽星同宮者，您是成功的財產家。南方大吉。

✣武曲星在資產宮的人

武曲星是多變化之星。如資產宮內僅有武曲一星在位時，從祖先而來的不動產，雖有各種不同形態的轉變，但仍可繼續保持着，如位於寅或卯宮內則會喪失。有他星同宮者，端視該星的運勢如何，資產運也隨之起變化。吉星的話，可有土地、房屋。凶星的話，到手的資產也終不得不放手讓人。西方大吉。

✣天同星在資產宮的人

賴活用不動產的卓越才幹之助，如經營公寓、土地買賣的話，可大力地發揮您的能力吧！缺點是易被周圍的意見所左右。進行不動產買賣時，盡可能別讓朋友或親戚的意見影響您。北方大吉。

✤進入資產宮的諸星／您可擁有什麼樣的不動產呢

✤廉貞星在資產宮的人

廉貞星本身絕非良運的暗示，須有吉星同宮衝散凶意，才有望獲得不動產。若非如此，須要相當的努力才行。否則，好不容易到手的不動產，也因與四周的人產生衝突而脫手讓人，廉貞星的確是紛擾不斷之星。

但與同屬凶星的七殺星同宮的話，依自我的努力可獲家產。南方大吉。

✤天府星在資產宮的人

一方面可保有雙親遺留下來的不動產，同時自己也能賺取大量的不動產。天府星本是掌管財勢之星，不動產運可說相當安定吧！

天府星在資產宮的人，適於在血親之下協助發展，所以如鋒芒過露，進行大手筆的不動產買賣的話，必遭壓制。乾燥之地大吉。

✤太陰星在資產宮的人

位於子、寅、卯、亥之宮內可得不動產之惠，除此之外，無甚重大的發展，如果肯努力的話，最後終必能得到不動產吧！

與天機星同宮者，年輕時卽可擁有自己的房子。有吉星同宮者，不動產豐碩，與凶星同宮者，有時一生完全與土地、家居無緣。住黑色的家，或近水邊之家較佳。北方大吉。

✤貪狼星在資產宮的人

本來貪狼星是與不動產緣薄之星，如位於寅、卯、巳、午之宮內的話，尙可從雙親處獲得土地、房屋，否則，只得自行建築家屋。無論對哪方面的事物，貪狼星都是慾望高漲之星，因此爲求得到不動產，有時也常有不擇手段的行爲。同時有豐富的洞察力可分辨不動產的好壞。

與武曲星同宮者，至晚年後可獲得不動產。與木有關的土地或家居較佳。東方大吉。

✤巨門星在資產宮的人

巨門是活動激烈之星，如位於丑、辰、未、申、酉、戌之宮內者，可因類似强

✤進入資產宮的諸星／您可擁有什麼樣的不動產呢

迫性的方式而獲得相當可觀的不動產。相反地，位於子、亥之宮內者，反因不動產之事而紛擾不休。一般而言，巨門星與土地、房屋無緣，所以如再有其他凶星同宮者，似乎與不動產完全絕緣。

與其住在堅硬的混凝土家內，倒不如住在富有泥土芳香的平房來得合宜。濕地大吉。

✤天相星在資產宮的人

位於子、寅、卯、亥之宮內者，不動產運之豐自不在話下。其他之宮者運勢也不差。最好使自己的嗜好與不動產相結合。例如開間自己手造的服飾用品店，或者當個業餘的木匠、修築家屋等等的活用法，必可使您的資產運更加地旺盛。

與廉貞星同宮者，到手的土地家屋，恐在一旦之間拱手讓人吧！海岸邊的別墅大吉。

✤天梁星在資產宮的人

只要無凶星阻礙，必可獲得不動產。但在選擇土地、房子時，須謹愼地檢討。

✤進入資產宮的諸星／您可擁有什麼樣的不動產呢

您稍有被外觀所誘惑的傾向。所以卽使房子稍嫌樸實，也應以便利性、易於生活爲選擇購買的重點。

與天同星或天機星同宮者，可能有麻煩存在，但最後終能夠獲得滿意的土地、房屋，與水有關的土地較佳。北方大吉。

✤七殺星在資產宮的人

七殺星是强烈之星，與吉星同宮者，可得勝人一籌的不動產，遇到凶星者必導致破產。七殺星在資產宮者，是多變化的不動產運。可能獲得意料不到的不動產，或非法手段取得的土地房屋。西方大吉。

✤破軍星在資產宮的人

破軍星是與不動產緣薄之星。但如位於子、寅、卯、亥之宮內的話，大概可充份活用雙親所留的資產吧！但也並非完全沒有麻煩存在。

與紫微星同宮者，比較上稍年輕卽可擁有自己的房地產。與廉貞星同宮的話，雖然有些麻煩，但最後終可獲得不動產。北方大吉。

✤進入資產宮的諸星／您可擁有什麼樣的不動產呢

✤文昌星在資產宮的人

只要無凶星搗亂，必有豐碩的不動產。文昌星是主宰文學、藝術之星，如能尋得寂靜的文教地區爲住家，必帶來好運道。白色住家。西方大吉。

✤文曲星在資產宮的人

只要無任何凶星在位，是强勢的不動產運。由於屬水之星，如選擇與水有關的地點，例如海、河、湖邊、或附近有池塘的場所當住家，必有安定的運勢。黑色住家。北方大吉。

福德宮

觀察精神生活是否幸福之宮

您能渡過滿意的人生嗎？

以上，我們所研討過的是關於自己命運、財產、健康、職業等，也就是眼所能見到的有形之體。但人類本身並不全屬於有形之物。必有其他無形的財產、特色存在才對。我們可稱之爲精神性的東西吧！身之爲人的德性、精神上的幸福感卽屬於此。從福德宮，我們可找出眼所不能見的貧富。

解析福德宮時，並不僅以福德宮爲標準，仍需比照金錢宮、及相當於三合的愛情宮、移動宮加以判斷，以尋出綜合性的結論。例如，雖福德宮有凶星在位，但上述諸宮內皆有吉星在內的話，可以解釋爲你仍受福德之惠，能受福德之惠者，必擁有溫和穩重的人品，自然也能長壽吧！但如無福德之惠的話，則變成心術不正好行邪道仍不引以爲恥，而依然心安理得的邪惡人物。

首先找出您的福德宮在十二支內的何宮。福德宮內無他星進入時，以下的解說就是您福德宮的暗示。

【福德宮在子】潤澤光艷而又嬌嫩的人品，男女都屬人緣良好者。

【福德宮在丑】雖有精神上的安定感，但暗地裏却也有含蓄的一面。

【福德宮在寅】集福德於身，是慷慨又瀟洒的人。

【福德宮在卯】黏着而又糾纏不清，但却有著類似雜草般强靭的生命力。

【福德宮在辰】穩重安定，得豐厚的福德惠賜之命。

【福德宮在巳】規範雖不宏大，但由於着重禮節，可招致福德。

【福德宮在午】開誠布公似的開朗性格，豪爽自然能招來福德，但須留意不要得意忘形。

【福德宮在未】為人老實，但稍見陰鬱，顯得遲鈍。

【福德宮在申】由於過於重視正義，相對的對他人要求也過嚴。福德方面欠缺豐厚性。

【福德宮在酉】搖擺不定的性格，福德也因之喪失。

【福德宮在戌】穩重而使人感到濃厚的人情味。

【福德宮在亥】明顯地陰沈、脆弱，使得福德因之而喪失。

✤紫微星在福德宮的人

這是福德宮相當豐裕的暗示。特別是位於丑、辰、未、戌之宮內者，必可長壽。修養深厚的人物，信賴也隨福德而至。有天府星、天相星同宮者，絕對可以渡過幸福的人生。有凶星進入的話，吉兆轉薄弱。

✤天機星在福德宮的人

剛開始時雖無啥顯眼之處，但隨着時日，福德也因之而俱增。您待人處世態度溫和柔輭，但稍欠缺積極性，在努力獲得成功的果實之前，必得經過一段時日吧！

凶星進入的話，無法長保平穩，是不安定的人生。

✤太陽星在福德宮的人

雖然忙碌異常，但福祿豐碩。特別是位於巳、午之宮內的話，集名利於一身，且享長壽。

女性的福德宮有太陽星者，似有幸福美滿的婚姻。此外，可看出這位女性，終其一生，必定對某件事抱定始終如一的貫徹行爲。

但一旦凶星進入的話，僅僅忙碌渡過一生而毫無所獲。

✤武曲星在福德宮的人

暗示着多忙碌而少獲得，位於子、申、酉、亥之宮內的話，結果必可得到福德。

武曲星常因同宮之星的運勢而受到左右，如有吉星同位的話，福德深厚自不在話下，但與凶星的貪狼星同宮者，晚年相當幸福。與七殺星同宮者，雖無多大的吉兆，但可致福運。與破軍星同宮者，一生忙碌而無法安定。

✤天同星在福德宮的人

暗示可得福德之惠的運勢。處世高明，也很着重待人接物的方式。但如受到周圍意見擾亂時，到手的福運可能因之消失。

✤廉貞星在福德宮的人

原本是被命運玩弄的暗示，如果肯努力上進，必可轉禍爲福。外表雖冷淡，內心裏其實隱藏着一顆炙熱的心。內心雖滿腔熱情，外表却假裝冷靜，等待機會的成熟，這是屬於智性的類型，在精神方面，因冷靜與熱情的衝突，可能頗受矛盾之惱吧！

尚有其他吉星同宮，要比單一的廉貞星更能獲得幸福的人生。

✤天府星在福德宮的人

這是福德深厚、幸運的暗示。也可保長壽高齡。天生的樂天派，卽使碰上任何不如意的事也不會沮喪，因此必可渡過精神安定的每一天。留意不要拘泥於外觀，從更內面上着手充實自我吧！

與吉星同宮者，終生都有愉快的事。與凶星同宮者，經常遭遇使情緒不安的事件，或年幼時麻煩不絕，但結局仍能擁有安穩的生活。

✤太陰星在福德宮的人

一生福運永在身邊，同時可保長壽。更有追求羅曼蒂克夢想的傾向。

僅有太陰一星在福德宮，也足以渡過十分幸運的一生，再有太陽星同宮者，毫無疑問地，必擁有身心皆令人滿意的幸福人生吧！

但與天機星同宮者，心理上從無休暇之時。

✤貪狼星在福德宮的人

如沒有紫微星同宮的話，您的一生絕無法渡過安定的精神生活。心中經常爲不滿所困擾，而渡過波瀾起伏的一生吧！那是因爲您慾求過高，不滿於現狀，焦躁地追求更新式的刺激所致。

即使與紫微星同宮的話，必須到晚年才能獲得安定吧！

✤巨門星在福德宮的人

僅是勞碌而無收獲之星，如位於丑、辰、未、戌之宮內的話，可獲得聲望與長壽。

與天同星同宮者，可安渡精神愉快的每一天，除此之外，你的頑固與疑心，必定使得您終日困惱不休，永無寧日吧！

✤天相星在福德宮的人

有福運且長壽。像流水一般，極自然地順應周圍的狀況而生長，所以精神上的磨擦也很少吧！

與紫微星同宮者，福運更爲豐碩，與天機星同宮者，雖終生忙碌不停，但也能招致福德。

與太陽星同宮者，擁有充實的人生。

✤天梁星在福德宮的人

凡事無法稱心如意，如能在健康方面留心，自然可得財運之賜，獲得滿意的人生。

不要太出風頭，以擔任某人的輔佐角色採取行動的話，最後必有所成就。

✤進入福德宮的群星／您的精神生活幸福嗎

✤七殺星在福德宮的人

七殺是凶星，如位於申、酉之宮者，反可得到幸運。若非如此，七殺星的凶意必表現無遺。對自我以及他人的要求過嚴，變成多不滿的人生，大概無法獲得心理上的安定。

在嚴肅的反面，易受到情感的困擾，而屢生波瀾吧！

但與紫微星同宮者，晚年可獲得幸福吧！

女性的場合，如福德宮僅有七殺一星在位者，其貞操觀念薄弱。

✤破軍星在福德宮的人

如位於子、亥之宮內者，可享長壽，若非如此，破軍星在福德宮內恐有短命之虞。

雖是勤勉的努力者，但却常無收獲，成天為焦躁感所惑。暗示放蕩的人生。

但與紫微星同宮者，可恢復內心的和平安定感。

✤文昌星在福德宮的人

強烈的暗示着幸福運，壽命也很長吧！同時也有不在乎的一面，卽使遭遇重大危機，也毫不驚慌而泰然處之。

但是位於寅或卯之宮內，或有凶星阻擾的話，很難得到安靜，而變成多變化的人生！

此外，內心的頑硬一旦使您變成高傲的人的話，淸靜的獨我人生，也因與他人的衝突而易生波瀾！

✤文曲星在福德宮的人

感受性强烈之星。如能發揮此星的特性，則必渡過稱心如意的人生。但有周圍的意見介入時，恐有破壞大局之虞。

在子、亥之宮內的話，可安渡平穩無事的一生。與凶星同宮者，女性的話較輕佻，說不定終其一生都是在反覆不停的離婚、結婚中渡過的。

父母宮

觀察您與雙親關係如何之宮

是否會與雙親衝突呢？

父母宮是十二宮的最後一宮，就像各位眼觀命運盤就可一目了然一般，父母宮在命宮之旁，相當於輔助命宮的存在。

無論是誰，在幼小的時候，如無父母的協助照顧，必無法生存。因此，可說個人一生命運縮圖的命運盤之中，父母宮立於扶持命宮的位置上，也是理所當然。基於補助命宮的意義上而言，父母宮擔任極重要的角色。

父母宮除可看出您的雙親的性格與您和雙親的關係如何之外，同時也可探知您在幼兒期的環境是怎麼樣的。此外，太陽星相當於父親，太陰星相當於母親。

首先找出您的父母宮在哪個十二支內。父母宮內無其他星在位時，以下的解釋就是您的父母宮的暗示。

【父母宮在子】溫雅而理性的雙親。特別受到母親的恩惠吧！

【父母宮在丑】說不定也有欠缺疏通意思的地方，但親子感情融洽。

【父母宮在寅】開朗明亮的親子關係。

【父母宮在卯】雖有不少委曲，但絕不會離開雙親身邊吧！

【父母宮在辰】可依賴的雙親。經濟生活方面也裕足。

【父母宮在巳】彬彬有禮而個性穩重的雙親。

【父母宮在午】擁有開朗、豪邁而熱情的雙親。特別受到父親的强烈影響。

【父母宮在未】穩重而學者類型，容易閉鎖在自己小天地內的雙親。親子間的交流並不怎麼活潑。

【父母宮在申】厭惡做錯事的嚴厲雙親。

【父母宮在酉】雙親本身，或您與雙親之間易起變化的暗示。

【父母宮在戌】個性穩重的雙親，經濟生活也富裕。

【父母宮在亥】陰沈而了無生氣的雙親。

接着我們再來觀察進入父母宮的群星。

✤進入父母宮的群星／您與雙親的感情如何呢

✤紫微星在父母宮的人

您擁有社會地位相當高超的優秀雙親。親子關係一團和氣。同時雙親又勤於儲蓄，大概能留給您一大筆財產吧！而您自己本身受到雙親影響，必也早已根植旺盛的儲蓄習慣。

雙親相當注重禮節，對您的家教也不遺餘力吧！

與雙親的關係若無法保持和諧，大概都是因爲雙親對您的行動頗有持疑所導致的吧！

✤天機星在父母宮的人

位於寅或卯之宮內者生於富裕的家庭內，若非如此，或有凶星進入時，不是養子，便是與雙親之一生離死別，或遭遇雙親離婚的不幸事件。

您的雙親和藹可親，頗識事體，但却也會數說或干涉您的行動吧！尤其是母親更熱心於教育，好奇心也旺盛，會拿你當各式教育的試驗吧！

✤太陽星在父母宮的人

太陽星象徵父親，當您在幼小時就已受到父親的強烈影響吧！您的雙親是心地仁厚者，親子關係也相當露骨吧！相互之間並無多大的隱瞞。

如位於巳、午之宮內的話，你必定出生於相當富裕的家庭內。但位於申、酉之宮內時，則出生平凡的家庭，最初與父親離別，後來母親也受傷吧！但只要無凶星進入，親子間的感情安泰。

✤武曲星在父母宮的人

嚴肅之星，父母宮內如僅有武曲一星在位時，親子關係仍可保持和平。您的雙親相當頑固，厭惡錯事。雙親想依他們的理想把您培養成人，當然他們心中絕無惡意，事實上他們完全了解您的痛苦和弱點之所在。

武曲星相當排斥凶星，與凶星同宮者，最初與母親生離永別，後來又可能喪失父親。

✤進入父母宮的群星　您與雙親的感情如何呢

✤天同星在父母宮的人

位於子、亥之宮內的話，是圓滿的親子關係。您有智性的雙親，家庭內充滿着開朗的智性氣氛。但稍有任意追隨流行的傾向。

凶星在位者，早與雙親離別。與巨門星同宮的人，和雙親的關係不協調。天梁星同宮者，與雙親起衝突，年輕時卽離家外出。

✤廉貞星在父母宮的人

就親子關係而言，廉貞星並非合適之星。廉貞星在父母宮內者與雙親緣薄，如再加上凶星在位的話，親子可能皆蒙受不幸也說不定。

您的雙親個性急躁，興之所至誰也無法阻止，一味地橫衝直撞。同時也有沈溺於賭博的傾向。您從小就常與雙親不斷衝突，或許演變成遠離雙親而生活。廉貞是暗示孤獨生活之星。

✤天府星在父母宮的人

只要無凶星阻擾，是屬幸福之星。您的雙親是穩重而公平的人，說不定需要一些時間，但最後必定能了解您的行動。您大可安心而開誠布公地與雙親交往。

特別是與紫微星、武曲星同宮者，無疑的是溫馨的親子關係。

此外，天府星是主宰財勢之星，您大概是成長於富裕的家庭內的人吧！

✤太陰星在父母宮的人

暗示親子和諧的家庭環境。太陰星象徵母親，所以您特別受到母親的强烈影響。您的雙親是文靜而喜愛嗜好的風流人物。同時非常留心您的反應，些微情緒的微妙變化都難逃他們的慧眼。

但如凶星進入的話，與母親的感情惡劣，或早與母親離別，或雙親有惡劣的酒癖。

如能與太陽星同宮，且又無凶星阻礙的場合最爲理想。

✤貪狼星在父母宮的人

與雙親緣薄。如能遠離家庭，與雙親的關係可獲圓滿吧！位於丑、辰、未、戌

✤進入父母宮的群星／您與雙親的感情如何呢

之宮內者，大都成爲養子。

您的雙親對任何事都相當貪慾，不可能安於家內。最惡劣的場合是成爲賭博狂，把家庭拋在一旁。你從小在金錢方面雖無匱乏，但在精神面上，常飽嚐孤獨的滋味。

但如與紫微星同宮者，親子關係和諧。

✤巨門星在父母宮的人

非可賀之星。與雙親之緣薄，再者暗示您可能較雙親更早過世的不幸。但如果您能離家獨自生活或當他人的養子的話，則可避開此一禍端。

您的雙親比內心更重視物質，對待自己的子女也很刻薄。如此星位於子、亥之宮內的話，無法獲得雙親的照顧。

與太陽星同宮者，和父親不睦。

✤天相星在父母宮的人

如位於子、亥之宮內的人，雙親都可享長壽，親子關係也圓滿。

您的雙親頗明事理，享受人生而安渡愉快的日子，是樂天派的類型。處世方式也高明，您在雙親的薰陶下，自然而然地也學會了處世方法吧！

與武曲星、廉貞星同宮者，與雙親有所衝突吧！

✤天梁星在父母宮的人

您的雙親是個性開朗的人，特別是父親身為一家的棟樑，領導着整個家庭。即使長大成人後，您可能從內心裏信賴您的雙親。但雙親只在您所能見到的部份付與注意力，而絕不讓您熟知內心。而您原本想對雙親傾吐您的心事，但却常會焦躁不安。

再有凶星同宮者，家庭生活不甚和諧。不是遠離雙親而居就是生離死別。

✤七殺星在父母宮的人

七殺星在此處是孤獨之星，與雙親或家裏的人都很早就分離。您的雙親是毫不通融的僵硬人物，如您不依他們的意思行動，絕不會得到諒解。但受到他人的請託却又無法拒絕，你在雙親的這種矛盾態度下，常有深刻的對立情況出現。

如與紫微星同宮或有數顆吉星同宮的話，就不會有親子離別或斷絕之虞，但仍須牢記七殺星是凶星。

✣破軍星在父母宮的人

暗示着與雙親的衝突不斷。如離家外出說不定却意外地和諧。您的雙親平常是穩重而泰然，一旦發怒的話，簡直就像火山爆發一般激烈。此外，無論您在思考什麼，立刻會被識破，所以絕無法在雙親面前撒謊。與雙親爭吵而離家出走……您的童年大概都是如此渡過的。與武曲星、廉貞是同宮者，早與雙親離別。如有紫微星同宮的話，親子間雖爭吵，也絕不致於斷絕親子關係。

✣文昌星在父母宮的人

如位於申、酉之宮內的話，家庭富裕，雙親都得享長壽。此星表示您的雙親都有藝術性的感受力。

您從童年受到雙親的影響，對文學、藝術皆有濃厚的興趣。您的理想主義傾向也是源自於雙親。如有凶星在位的話，您過繼於他人爲子，必能避開禍端。

✤文曲星在父母宮的人

位於子、亥之宮內且又只有文曲星在位的話，您擁有長壽的雙親。您的雙親感覺敏銳，也相當有教養，您從小在耳濡目染之下，不知不覺地成爲用功的好孩子。即使成人後，雙親也能理解您動搖的心理狀況，如無凶星阻礙的話，親子之間不會出現極端的歧見吧！

身宮

觀察能否活用宿命之宮

什麼有助於您的人生呢？

到此爲止，我們已對您的命運中的最主要之十二宮，有個概略的了解。愛情宮是您的結婚運，金錢宮是您的錢財運，職業宮是您的職業運……等等，從各個側面上解析您的人生，而從命宮中可了解您的性格與一生的運勢之流轉如何。但僅就這些方面，並無法完全探悉您這一生的運勢。還須就您這些骨幹上，附着什麼樣的肉體，換句話說，如何活用您的宿命，或能否活用宿命等等，都取決於身宮的運勢。

所謂身宮，是承受宿命（命宮）的場所。因此，卽使命宮堅强而身宮衰微的話，就如同瘦弱的人一般。無法活用宿命的運勢。相反的，不管身宮如何强勢，而命宮不甚了了的話，就像空有發達的四肢而腦筋遲鈍一樣，毫無意義可言。所以說，必得命宮、身宮雙方配合，才有效果可言。

首先我們得找出身宮在十二支的何處？進入十二宮內的哪宮？因爲從其中可發現截然不同的

暗示。

【身宮在子】能夠巧妙地利用宿命的作用。

【身宮在丑】行動緩慢，因而與生俱來的幸運或許因之而喪失。

【身宮在寅】活用天份、不斷茁壯成長的類型。

【身宮在卯】雖有天生的宿命，但却無法活用。

【身宮在辰】能將天賦的能力發揮得淋漓盡致。

【身宮在巳】雖無壯麗的飛躍，但運勢一如天賦的宿命所註定般的前進。

【身宮在午】或好或壞都是天命所定。

【身宮在未】利用宿命開運，但欠缺雄心。

【身宮在申】凡事皆認爲命運使然而放棄奮鬪，活動因之無法展開。

【身宮在酉】不論吉凶，皆與宿命截然不同的運勢。

【身宮在戌】人生的前進方向一如宿命所示。

【身宮在亥】或能活用宿命，或反被命運所玩弄。

◎身宮進入命宮的人

如果您的命宮勢強，就能夠活用才能與宿命，遂行輝煌的發展，但如命宮勢微的話，無法期待將來的成功。此時，移動宮、金錢宮、職業宮的強弱也須併入考慮之列。

◎身宮進入兄弟宮的人

您的兄弟宮勢強，身宮也旺盛。兄弟、朋友、同事間的關係也和諧，在您的人生航路之中，這些人也必能給予某方面的指導與助益。

兄弟宮勢弱者，這些吉兆全都消失無踪。此時，命宮、部下宮、健康宮、資產宮的强弱也須併入考慮之列。

◎身宮進入愛情宮的人

您的愛情宮勢强、身宮運勢也旺盛，在您婚姻對象的愛情鼓勵下，必渡過滿足的人生。

愛情宮弱的話，家庭頗不和諧，結果變成負面的不幸人生。此時，命宮、職業宮、移動宮、福德宮的强弱也須併入考慮之列。

◈身宮進入兒女宮的人

只要兒女宮勢强，身宮也有旺盛的運勢。能得相當優秀的兒女之惠，因兒女而得到幸福。

但兒女宮衰弱者，上述的吉兆無法得見。受孩子的拖累，使難得的幸運也逃逸無踪。此時，命宮、資產宮、部下宮、父母宮的强弱也須併入考慮之列。

◈身宮進入金錢宮的人

只要金錢宮勢强，身宮也旺盛。受財運之惠，一生不愁寬裕的金錢。另一方面，金錢宮勢弱者，終生爲金錢而勞碌奔波，受金錢的玩弄。此時，命宮、福德宮、職業宮的强弱也須併入考慮之列。

◈身宮進入健康宮的人

您的健康宮旺盛，身宮也勢强。受健康之賜，一生與疾病無緣，任何逆境都無法打擊你。

如健康宮勢微，卽無吉兆可言。經常生病，使難得的機會也逸失無踪。此時，命宮、父母宮、資產宮、兄弟宮的强弱也須併入考慮之列。

◎身宮進入移動宮的人

移動宮勢强的人，身宮運勢也旺盛。應對各樣的變化，可巧妙地展開自己的命運。

移動宮勢弱者，每次行動時，或每當變化時，都會遭受挫折。此時，命宮、福德宮、愛情宮的强弱也須併入考慮之列。

◎身宮進入部下宮的人

只要您的部下宮旺盛，身宮也必旺盛。部屬或學弟、年幼的友人等等，成爲您的左右手，助您渡過層層危機。

但部下宮勢弱時，反因部下們的失敗而渡過困擾不斷的人生。此時，命宮、兄弟宮、父母宮、兒女宮的强弱也須併入考慮之列。

ꙮ身宮進入職業宮的人

職業宮勢强者，身宮運也旺盛。或得到滿意的職業，或受優秀的上司提拔，而獲得一生幸運的保證。

但職業宮勢弱者，將不得不勉强的從事自己所討厭的工作，或未受上司重視，背上不幸。此時，命宮、愛情宮、金錢宮的强弱也須併入考慮之列。

ꙮ身宮進入資產宮的人

只要資產宮勢强，身宮運也旺盛。從雙親處獲得豐碩的不動產，保證擁有安泰的生活。

但如果資產宮勢弱，或許因不動產的問題而中他人的圈套。此時，命宮、兒女宮、兄弟宮、健康宮的强弱也須併入考慮之列。

ꙮ身宮進入福德宮的人

只要您的福德宮旺盛，身宮也勢强。充滿人情味個性溫馨，你的仁德可替你帶來許多幸運。

但福德宮勢弱的話，人際關係無法和諧，福德也因之散逝。

此時，命宮、金錢宮、愛情宮、移動宮等强弱也須併入考慮之列。

✤身宮進入父母宮的人

父母宮勢强者，身宮也旺盛。在雙親的溫暖愛情庇護之下，痛苦時也可助您一臂之力吧！

但如父母宮勢弱，大概從不知道親情爲何物而渡過孤獨的一生吧！

此時，命宮、健康宮、兒女宮、部下宮的强弱也須併入考慮之列。

熟知您的運勢上昇期、危險期

您已經了解您天賦的運勢了。那麼，到底什麼時候才是您可以活躍的時機呢？什麼事對您有所助益呢？而什麼時候是您的危險期呢？前述第二章中，決定大小運的兩節說明內，可以得知您的運勢上昇期與危險期。大運每十年輪迴一次，小運則是每一年之運，這是由命運盤外側所進入的十二運、十二宮、及十二宮內的各星所帶來的運勢之變化。

十二運指十二運的强弱。大運正值健祿、帝旺等强勢期內的話，該十年間卽是您輝煌成就的時期，遇上死、絕的衰微期時，就是您人生中的危險期。有關十二運的强弱請參閱第66頁的說明。

大運正通過金錢宮時，該時期（十年間）可能是您財源滾滾或爲金錢而辛勞的時期。小運也亦然。例如，我們假定您在二十歲之年，正是小運且位於移動宮之內吧！如此一來，在您二十歲那一年，必有搬家或海外旅行等，某種型式的移動。同時，移動宮內又有吉星在位時，因移動必可碰上某種不可多得的良機。當然您大可在事先計劃轉業、轉居或旅行吧！

1 帶來大・小運的十二宮

命宮帶來的十年運

這個時期中，正是您大展才幹，決定日後方向的大好時機吧！命宮是個人一生中最重要的一宮，對於您來說，這一年，或這十年間，是左右您一生命運的最重大時期。

如有吉星進入時，更是您鴻圖大展的絕好機會。但不幸有凶星進入的話，這個時期內，並無法開拓您的才幹。

兄弟宮帶來的十年運

此時期中，您與兄弟或年少的友人之交往轉爲活潑，且對於您的人生也有某方面的影響吧！

有吉星進入兄弟宮內時，經由兄弟的協助，可開始拓展某種事業，或年少的友人成爲你得力助手的大好時機。

凶星在位的話，兄弟感情轉劣，或受兄弟的拖累而勞碌痛苦。

✤愛情宮帶來的十年運

在此時期內，獨身者必有婚姻的喜訊到來。或邂逅很好的戀人，或者再度失戀。已婚者在這段期間內，夫婦之間會有幸運之事，或引發不幸的事件。

愛情宮有吉星進入時，對獨身者而言，當然意味着戀愛或結婚。年輕的夫婦或許在這期間內擁有愛的結晶。但凶星在位者，不是與戀人分手，就是夫妻感情轉為冷漠，或夫婦失和。而導致於離婚也說不定。

✤兒女宮帶來的十年運

此時期內都是有關於兒女之事，說不定有幸運之事，也說不定有令人氣餒的事件出現。

如有吉星在兒女宮內，兒女活潑地成長，同時也帶來財運。在此時期內出生的兒女，都是優秀而才能出衆的好孩子吧！但不幸凶星進入的話，說不定兒女身上出現不幸的事故，或每天光為兒女操心。在這期間內出生的兒女，對您而言，是煩惱的源頭。

◎金錢宮帶來的十年運

此時期內，或因金錢問題引致煩惱，另一方面也許是大賺錢的時機。只要金錢宮內有吉星在位，財運豐裕，能着實地倍增財產。不幸有凶星同宮者，從前好不容易儲蓄的金錢，恐會在這期間虧空，或捲入金錢的糾紛之中。

◎健康宮帶來的十年運

這是左右您健康的時期。

健康宮內有吉星在位者，您在此期間內身體硬朗，到處活躍。如是住院病人的話，必立卽痊癒出院。但凶星同宮者，很容易患病或受傷，稍不留心，卽必須入院治療才有恢復的希望。

◎移動宮帶來的十年運

這是您轉業、轉職、搬家、海外旅行等某些移動頻繁的時期。

此宮內有吉星在位者，經由積極的活動，必獲致某種利益，所以是轉業或留學的大好時期。在轉業的目的公司或旅行的目的地裏，必有絕佳的機會在等着您。

但有凶星進入者，凡稍活動必招致一場災難。轉職不休，徒增勞苦，受上司仇視，或搬家時遇上小偷等等，是動彈不得的時期。

部下宮帶來的十年運

如是社會人的話，是與部屬，如是學生則是與學弟妹們之間交往的重大時期。

部下宮內有吉星進入者，可因忠實的部屬或後進之惠，而使工作順心如意的進行。由後進的協助，你經年累月的計劃終能付諸實現而成功。

但凶星在位的話，或許導致部下的埋怨，或受後進的出賣的時期。此期間內與部下的交往應愼重小心。

職業宮帶來的十年運

此時期內是事業成功或失敗的關鍵期，同時也是你試煉自己才幹的絕佳時機。

此宮內有吉星進入的話，經由工作可獲致極大的幸運。例如您獨自孜孜不倦的

✤大運、小運／哪一年是您大展鴻圖的時機呢

研究工作，終於獲得社會上的承認，或獨資經營的事業終於成功，年輕人終得一償宿願進入期望中的公司內任職等。

但凶星同宮者，在工作上犯了不可饒恕的大錯，徒遺悔恨的大錯誤時期。

資產宮帶來的十年運

與不動產有緣的時期。

吉星進入資產宮者，在此期間可得到土地或房地產，或經由土地買賣而賺錢。凶星在位的話，因不動產而引發許多麻煩，或再多的努力也徒勞無功。

或者因遺產承繼問題而產生紛爭。

福德宮帶來的十年運

此時期中，並非肉眼所得見的有形成果，而是觀察您在精神生活方面是否能安定愉快。

此宮有吉星在位時，所有事情皆能稱心如意，充滿着滿足感。心中一團和氣，人際關係也圓滑。但如凶星進入的話，每天都在擾攘不安中渡過，經常心神不寧。

終致心煩氣躁，朝着邪道而行。

此時期應視之爲修心養性的時機，進行某種使精神安定的活動，例如靜坐或瑜珈術等，熱衷於興趣以樂觀其成。

✤父母宮帶來的十年運

這是您與雙親間情感交往的決定性時期。

只要此宮內有吉星在位，家庭內經常爲和睦的氣氛所圍繞，親子間的感情也圓滿。同時也是冷靜地考慮您自己的事情的時期。如遇上任何困擾時，必得和雙親商量，以尋對策。

但如凶星進入的話，與雙親的情感無法和諧，無論嘗試什麼方法都毫無結果可言。也是您離家外出的時期。

2 導致大·小運的群星

十二宮取決大、小運的同時，進入該宮內的群星也影響到您的運勢。

我們來看看遇上什麼星的場合會有什麼樣的運勢暗示吧！

✤大運、小運／哪一年是您大展鴻圖的時機呢

✤紫微星帶來的十年運

僅有紫微星在位，已是福運豐碩了，如再有其他吉星進入的話，簡直是鴻福齊天，地位也向上躍進。凶星同宮者，不是立於招損的地位，就是待遇較劣。

在這期間內機緣屢次到來，您大可放心的去一決勝負。人際關係也圓滑，可與有力者周旋。

✤天機星帶來的十年運

天機星是財運强烈之星，大、小運中遭遇此星者，在工作上有飛躍性的發展。又有吉星相助的話，事業的繁盛自不在話下，待遇也因之而提昇。但雖貴爲天機星，如位於大、小運期的正對面宮內的話，反之引發各種不幸的事件。如加上巨門星在位的話，此時期內可能因之而喪失生命也不一定。

✤太陽星帶來的十年運

與此星邂逅者可大力發展，如位於申、酉之宮內，或凶星進入的話，反而導致

✣大運、小運／哪一年是您大展鴻圖的時機呢

禍端。此星對女性而言過於激烈，結果壓抑了丈夫或兒女的發展。

✣武曲星帶來的十年運

位於申、酉之宮內者可得財運之賜，有吉星同宮者，必遇幸運之事。但如位於大、小運的正對面宮內的話，可能捲入犯罪的漩渦內，或因貸款而動彈不得，絕非值得慶幸之時期。

✣天同星帶來的十年運

家庭和睦，事業發展，也是從事某種新事業的良好時機。但有凶星在位阻礙時，事業絕無法持續到最後的成功階段。此時的行動須愼重，盡量避免最新的事業開拓。

✣廉貞星帶來的十年運

有吉星協助者，財運高漲，功績也受到承認。凶星在位的話，因受凶意的影響，徒然飽受災難侵蝕，甚至於須得覺悟可能因凶星而喪失生命。

✤大運、小運／哪一年是您大展鴻圖的時機呢

此時期易於獨自走極端路線，小心與他人間的衝突。

✤天府星帶來的十年運

天府星是强勢的吉星，此時期可說是您的大幸運期吧！卽使些許的凶兆也消失得無影無踪。這是您的好機會，全力投球試試看吧！此期間內可得金錢之惠，如屬公司職員，必可望出人頭地。自然而然的許多人會群集到您的周圍來。

✤太陰星帶來的十年運

太陰星是安穩之星，大、小運期內遇到此星的話，凡事可稱心如意地完成。位於子、亥之宮者，機會更大。

✤貪狼星帶來的十年運

貪狼星是有個性之星，但如位於寅、卯之宮者，尚稱安穩。但如進入丑、辰、未、戌之宮的話，立刻散盡家財。如有吉星的影響，這正是您得救的時機。同時也有沈迷於賭博或酗酒的可能。

✤巨門星帶來的十年運

强勢之星，遇上巨門星，絕對能實現宿願。即使遭遇麻煩，也能轉危爲安。如位於子、亥之宮內，或與其他凶星相遇的話，大概免不了災禍吧！

✤天相星帶來的十年運

此星顯示您可獲財運之惠，且渡過安泰和樂的愉快人生。如凶星阻擾，必定煩惱頻繁。特別是七殺星在位者，可能參與危險的賭注行爲。

✤天梁星帶來的十年運

單有天梁星在位，可保證您的幸運。再有吉星同宮者，社會性地位與名聲垂手可得，是萬事如意的時期。

✤七殺星帶來的十年運

如有吉星影響，大量金錢將突如其來地入手，或被提升至重要的地位。除此之外，則成爲煩惱的根源，是遭遇失敗的時期。

✤破軍星帶來的十年運

位於申、酉之宮內者可致福運。如有文昌星同宮，內心的平靜再度復甦，可因風流性的嗜好而得其中樂趣。相反的凶星在位者，僅是終日勞碌而無法得到內心的平靜。

✤文昌星帶來的十年運

幸運的時期，可得名譽之惠。在學術、藝術、宗教等分野上也大爲活躍吧！同時是您考試、選舉大成功的暗示。但如位於寅或卯之宮，或有凶星阻礙時，絕無法達成目的。

✤文曲星帶來的十年運

文曲星是絕佳的吉星，所以這是您受福運之惠的時期。如再有天同星的影響，經濟方面也大有斬獲吧！凶星在位者，反而遭致許多不幸。

這也是您吸收各方面知識的大好時機。

第四章

命運盤活用編

探知您與他人的緣份如何

命宮在子的人的緣份

緣份特佳的對象

■命宮屬丑、辰的人

您的命宮在子，腦筋的反應相當迅速，能適應周圍的環境，立刻採取應變的行動，所以無論與何種命宮的人都能和諧地相處才對，但如能與丑、辰命宮的人相交往，必能使彼此更能情投意合。

丑或辰的命宮的人雖沈默寡言，但屬行動派的人物，經常幹勁十足地領導他人前進。命宮在子的您，應足以配合對方命宮在丑、辰的人的步調。

■命宮在申的人

好奇心旺盛且行事乾脆、善於解決難題，對您必有所助益！如果您是男性的話，與大姊型的女子結婚，其樂融融。

緣份特劣的對象

■命宮在卯的人

命宮在卯的人老實而易受誘惑，我們得一再地指點，反增彼此的麻煩與磨擦

■命宮在午的人

從正面起衝突。命宮在午的人愛好熱鬧而且毫不掩飾。與您就像水與火的關係一般，呈激烈的對立。

■命宮在未的人

命宮在未者性勞碌且行動愼重常使暢快行動的您受到牽絆。假使您配合他自己的步調，無論如何也避免不了衝突。

■命宮在酉的人

命宮在酉的人經常對您的所做所爲嘮叨不休。使您煩惱纏身，水火不相容。

命宮在丑的人的緣份

緣份特佳的對象

■命宮在子的人

命宮在丑的人雖文靜，但其實是活潑的個性，而命宮在子的人，善於順應時代的潮流且經常以理智的態度行事，兩相交往必水乳交融。特別是那些易走極端的人，命宮在丑的人巧於壓抑他們，同時也更是互相截長補短的好搭擋。

■命宮在巳的人

外表雖冷漠，實非常熱情的人，爲了您赴湯蹈火不計後果。您在感恩之下必也回報之，唯一的缺點是嫉妬心强。

■命宮在酉的人

這種對象任性，但無論如何，總能助您一臂之力，成爲左右手。

緣份特劣的對象

■命宮在辰、未、戌的人

兩人都是頑固而好强的個性，絕不互屈服於對方之下，一旦衝突過後，破裂的感情久久無法復合。

尤其是命宮在未的人，對於命宮在丑的您來說，是個沈重的負擔。經常惹得您紛擾不安，吵架更是家常便飯。

■命宮在午的人

命宮在午的人和藹可親，對您一見鍾情，非等到您回首反顧的話絕不會離開您身邊吧！但是您却拙於應對這種一根桿子通到底的行徑。對方的愛情反成爲您的精神負擔。

命宮在寅的人的緣份

緣份特佳的對象

■命宮在午的人

您（指命宮在寅的人）與對方都是活潑開朗，不爲小事氣餒的人，相互間擁有直爽而健康的關係。如屬情侶，雙方都非常愛好愉快的遊樂，只要有閒暇，兩人將儷影成雙的外出郊遊或運動。

■命宮在戌的人

雖正直，但易過渡干涉他人的類型。命宮在寅的您是確立大目標，奮鬥不懈的人，不會因此許阻礙而中途而廢，所以應是由您站在完全領導的地位，就這層意義，你倆是稱配的存在關係。

無論老婆當家或先生當家，夫婦情感也必其樂融融。

緣份特劣的對象

■命宮在巳的人

平常沈默寡言，經過愼密思考後方才採取行動的您，與命宮在巳的對象，似乎是不太相配。

命宮在巳的人，是冷靜與激烈並存的雙層性格，有時表現得反覆無常。對您而言是多管閒事的傢伙，而你的這種想法却引起對方的反感。

■命宮在申的人

命宮在申的人與您的個性正好完全相反。對您而言，只不過是喋喋不休，光只考慮眼前的短視輕薄人物，而從正面與之起對立性的衝突。兩人又都對自己有絕對的自信。吵架自是在所難免。

命宮在寅的人緣份如何……？

命宮在卯的人的緣份

緣份特佳的對象

■命宮在未、戌的人

命宮在卯的您待人可親，受到大家的喜愛，而命宮在未或戌的對象，使得經常扮演被動角色的您，一變而成爲領導性的存在。

無論命宮在未、或在戌者都是感受敏銳的人，能完全地了解容易迷惑的您。以此兩宮的人爲部屬，大可放心的交待他們各種工作。

■命宮在亥的人

坦率而又感情豐富的對象。雖保守內向，但必對您付出宛如大海般的深情。有時甚至向您傾訴他自己的煩惱。是能爲您盡心盡力的對象。

緣份特劣的對象

■命宮在子的人

對您來說，命宮在子的人只不過是狡滑，連小事都斤斤計較的令人討厭的傢伙，所以對方的干涉是麻煩的來源。

■命宮在辰的人

命宮在辰的人是自信家，依自我的決定而進行事物。另一方面，您雖有柔輭性，但也有拘泥於某事物的傾向，也欲迫使他人接受自己的立張，終導致命宮在辰者的厭惡。

■命宮在午、酉的人

命宮在午的人，等於是在他盛怒時又火上加油的存在。此外，與自我中心的命宮在酉者相遇時，必爭吵不休。

命宮在辰的人的緣份

緣份特佳的對象

■命宮在子的人

您是傲氣且依自我的思想不顧一切進行的强硬類型，因此必與頑固類型的人衝突不斷。但命宮在子的人，絕不忤逆對方，所以必會默默地跟在「走我自己的路」的您的後面而來。

■命宮在申酉的人

申、酉命宮的人有許多地方都是您所着迷的。

您與命宮在申者，說不定是相類似的存在。但命宮在酉者氣度高超，與您的性格正好相反，也正由於如此，才使您覺得對方更具魅力。

緣份特劣的對象

■命宮在丑的人

確實行動之點與您頗爲相似，但對講求效率的您而言，您無法忍受命宮在丑的人的遲鈍與陰鬱。一旦衝突以後，大概復合無望。

■命宮在卯的人

雖個性溫和，但有死纏活賴的黏着面，也有意欲壓抑您的傾向，所以您在不知不覺之中會表現出反抗的行動。

■命宮在辰、戌的人

命宮雖相同，但正由於彼此都是强硬的性格，所以頗無法和諧。大概彼此都不會有徵詢對方意見的時候，分手的時候也豪爽乾脆。

命宮在巳的人的緣份

緣份特佳的對象

■命宮在丑的人

命宮在巳的您外表似乎非常冷漠，實際上却深情款款，吃醋心理比別人更勝一籌。命宮在丑的人，絕不會辜負或背叛您的這種深情。

如您們目前是情侶的話，日後必成爲令人艷羡的一對。你們之間的關係，似乎是由您關注更多的愛情給對方。

■命宮在酉的人

外表像是個膽小氣弱的人，但却是個相當自我意識過剩的人。另一方面，您是對他人內心動向非常敏感的人，如能在各方面留意命宮在酉的人，對方必非常愉悅，馴服地順從您的意見。

緣份特劣的對象

■命宮在寅的人

命宮在寅的人是硬直的個性，好就是好，壞就是壞，區分嚴明，對於言語頻繁，暗中燃起鬪志的您來說，很容易在多方面干涉您。

開朗而不懷恨是命宮在寅的另一特色，這對您來說只是徒增麻煩而已，對方的單純性更叫你嗤之以鼻，永遠合不來。

■命宮在亥的人

您本身與命宮在亥的人，都是文靜而壓抑自己情感的人，對方屬性格反覆無常而無法熱衷於某事的人物。與生命力堅强的您，當然無法相配。

命宮在午的人的緣份

緣份特佳的對象

■命宮在寅的人

您與命宮在寅者都有開朗而毫不掩飾的性格。兩人相處，從政治到運動、電影、音樂等各方面的話題源源不斷。同時又是熱心助人的對方，必可爲您帶來某方面的協助。

■命宮在未的人

命宮在未的人具有您所欠缺的纖細性。就某方面而言，您反而受到對方多方面的照料，補足您的缺陷，是理想的夫妻。

■命宮在戌的人

能夠惹發您滿腔的熱情的對象，您也必被對方陰晴不定的個性所吸引。

緣份特劣的對象

■命宮在子的人

命宮在子的人對您而言，是太過冷淡欠缺熱情的人。您的熱情心對於對方的冷靜感到憤怒，終變成爭執的原因。

■命宮在丑的人

命宮在丑是愼重派，與您相反的性格。單您熱情高漲仍無法打通對方的內心。不知不覺間您的熱情因之而冷却。

■命宮在卯的人

命宮在卯的人是個性拘謹者的合適對象。對您而言，其執扐性常使您不快。

■命宮在午的人

同宮的伙伴，而且都屬勢力旺盛的雙方，當然兎不了正面的衝突。

命宮在未的人的緣份

緣份特佳的對象

■命宮在卯的人

命宮在卯的人，大概會用他溫馨的愛情牢牢地困住您。無論您怎麼任性胡鬧，對方絕不生氣。

■命宮在午的人

相配吻合的交情。命宮在午的人直爽，絕不隱瞞對您的相思。您在對方的熱情包圍下，大概是以身受的姿態承受這份愛吧！

■命宮在亥的人

穩重的對手，勞碌的您無論怎麼嘮叨，對方都會傾聽您的每句話。利用商討的方式，使對方更樂於助您吧！

緣份特劣的對象

■命宮在子的人

命宮在子的人頭腦反應迅速，經常都想活動。而您是優柔寡斷的謹愼派。無論如何都配合不上對方的快速行動。同時又想讓對方配合您的步調，這就成為摩擦的最大原因了。

■命宮在丑的人

雙方都是慢吞吞的性格，個性相雷同，一旦思想有所差異，不會很容易的退讓，所以必從正面引起衝突。如果您的上司是這種命宮的人，如不服從命令，那後果可不堪設想。

■命宮在戌的人

兩個都是喜歡吹求毛疵的人。

命宮在申的人的緣份

緣份特佳的對象

■命宮在子的人

對好奇心旺盛的您而言，冷靜，能迅速地適應狀況而反應的命宮在子的人，正是不可多求的對象。

改變自己的嗜好，以配合對方的興趣，盡心地爲命宮在子的人竭盡所能。

■命宮在辰的人

命宮在辰的人屬「走我自己的路」，依自我的思考去行動，在您面前也能強力的指引您的去向，領導您前進。

您也必可從這樣的對象獲得各色各樣的恩惠，開始時是站在被動的立場上，但受到對方熱情的關注，不知不覺中，您也變得滿腔熱情。

緣份特劣的對象

■命宮在寅的人

對於現實主義的您而言，命宮在寅的人，只不過是空抱齊天的夢想，而從不付諸實現的吹牛大王。對您來說，與其十年後的名譽，倒不如目前垂手可得的成功來得重要，所以當然意見上的衝突源源不絕。

■命宮在亥的人

行動性的您與理性主義的命宮在亥的人，屬正反面的性格，無論您如何嘗試，都無法與對方溝通。

您注重人情義理，同時情感脆弱，命宮在亥的人則是冷漠者，絕不相配。

命宮在酉的人的緣份

緣份特佳的對象

■命宮在丑、辰的人

您是豪邁的社交家，能坐在熱鬧的宴席中央是最高興的事。而命宮在丑、辰的人，對這樣的您深愛不移。

特別是命宮在辰的人，自信而依意念行動，但相反地也隱含着細緻的內心，所以絕不會讓着重情調的您失望。

■命宮在巳的人

命宮在巳的人外觀雖然老實，內心裏其實是熱情滿腔。

而您却是經常任性放肆，以此命宮的人爲對象，必磨消您的銳氣而變得質樸吧！

緣份特劣的對象

■命宮在子的人

您是理想高超，不易妥協的人。命宮在子者，以不違逆周圍狀況的原則求生存，可說兩者之間永無交會點，無論您多麼愛著對方，最後仍無法溝通。

■命宮在卯的人

您對事物的喜愛是非分明，而命宮在卯的人則是易於迷惑，所以永無法協調，最後終演變成全本鐵公鷄。

■命宮在酉的人

兩個人都是自我本位的傢伙，當然無法和諧地相處在一起。

■命宮在戌的人

對方的愛情反成爲您的負擔。

命宮在戌的人的緣份

緣份特佳的對象

■命宮在寅、卯的人

您的個性稍嫌幼稚而不成熟，一旦喜歡上以後，必終生忠誠不渝。而命宮在寅或卯的人，是心胸寬大溫馨的人物，必能逐漸地領導您、指引您。

特別是命宮在卯的人，雖與您陰陽相反，但正好與您相配，雖對方的態度稍見高傲，但兩人的感情卻水乳交融。

■命宮在午的人

命宮在午的人精力充沛而積極，你同樣也是和藹可親的人。如與文質彬彬的您邂逅，必立刻陷入情網，而終身相愛不渝。

緣份特劣的對象

■命宮在丑、辰、未的人

這些命宮的人，大都黏性强靭，隱藏旺盛的奮鬪心。反面卻是頑固且想依自我的方式生存，這一點倒是與命宮在戌的您相似。

因此，您與這些命宮的人之間，似乎很容易互相敵視。特別是命宮在辰的人，如果您稍想干涉他的話，那可天翻地覆了。

■命宮在酉的人

此命宮的人頭腦反應敏捷，是衆人矚目的對象。但即使您認爲對方富有魅力，至多不過是您的單相思而已。您的愛情，反成爲對方精神上的負擔。

命宮在亥的人的緣份

緣份特佳的對象

■命宮在卯的人

您是文靜而且愛情專一的人。另一方面命宮在卯的人也老實且對任何人都笑臉相迎，不致於令人厭惡的人品，所以也必能坦直地接受您在文靜中燃起的愛火吧！

不過，似乎是由您照顧對方的場合比較多。

■命宮在未的人

您與此命宮的人，雖不致於同心同體，但兩人間的感情仍非比尋常。對方纖弱而不知所從，因此經常找您商討對策，須注意配合對方的步調。

緣份特劣的對象

■命宮在巳的人

您是乾脆爽直的愛情觀的人，所以無論如何也無法忍受命宮在巳的人嫉妒心理與猜疑心。因某事件而爆發時，兩人的情感必步入決定性的崩毀。

■命宮在申的人

您屬理性的人物，而命宮在申的人卻是又哭又笑的急躁性類型。開始的時候，對方擁有您自己所不具有的特色，可能會致使您興趣濃厚，但不久即了解對方的淺薄而失望有加吧！

■命宮在亥的人

您們的個性相同，易於陰沈，避免不了相互間的衝突。

付錄

干支一覽表／新、舊曆對照表

民國15年(1926年)出　生

年柱	月柱		日柱	※
乙丑	1/1～1/5	戊子	1月出生	㉖
	1/6～2/3	己丑		
丙寅	2/4～3/5	庚寅	2月	㊼
	3/6～4/4	辛卯	3月	㉕
	4/5～5/5	壬辰	4月	㊻
	5/6～6/5	癸巳	5月	㉖
	6/6～7/7	甲午	6月	㊼
	7/8～8/[illegible]	乙未	7月	㉗
	8/8～9/7	丙申	8月	㊽
	9/8～10/8	丁酉	9月	㉙
	10/9～11/7	戊戌	10月	㊾
	11/8～12/7	己亥	11月	㉚
	12/8～12/31	庚子	12月	⓪

民國16年(1927年)出　生

年柱	月柱		日柱	※
丙寅	1/1～1/5	庚子	1月出生	㉛
	1/6～2/4	辛丑		
丁卯	2/5～3/5	壬寅	2月	②
	3/6～4/5	癸卯	3月	㉚
	4/6～5/5	甲辰	4月	①
	5/6～6/6	乙巳	5月	㉛
	6/7～7/7	丙午	6月	②
	7/8～8/7	丁未	7月	㉜
	8/8～9/8	戊申	8月	③
	9/9～10/8	己酉	9月	㉞
	10/9～11/7	庚戌	10月	④
	11/8～12/7	辛亥	11月	㉟
	12/8～12/31	壬子	12月	⑤

※日柱欄的數字加上生日。請參閱日柱一覽表

民國17年(1928年)出　生

年柱	月柱		日柱※	
丁卯	1/1～1/5	壬子	1月出生	㊱
	1/6～2/4	癸丑		
戊辰	2/5～3/5	甲寅	2月	⑦
	3/6～4/4	乙卯	3月	㊱
	4/5～5/5	丙辰	4月	⑦
	5/6～6/5	丁巳	5月	㊲
	6/6～7/6	戊午	6月	⑧
	7/7～8/7	己未	7月	㊳
	8/8～9/7	庚申	8月	⑨
	9/8～10/7	辛酉	9月	㊵
	10/8～11/7	壬戌	10月	⑩
	11/8～12/6	癸亥	11月	㊶
	12/7～12/31	甲子	12月	⑪

民國18年(1929年)出　生

年柱	月柱		日柱※	
戊辰	1/1～1/5	甲子	1月出生	㊷
	1/6～2/3	乙丑		
己巳	2/4～3/5	丙寅	2月	⑬
	3/6～4/4	丁卯	3月	㊶
	4/5～5/5	戊辰	4月	⑫
	5/6～6/5	己巳	5月	㊷
	6/6～7/7	庚午	6月	⑬
	7/8～8/7	辛未	7月	㊸
	8/8～9/7	壬申	8月	⑭
	9/8～10/8	癸酉	9月	㊺
	10/9～11/7	甲戌	10月	⑮
	11/8～12/6	乙亥	11月	㊻
	12/7～12/31	丙子	12月	⑯

※日柱欄的數字加上生日。請參閱日柱一覽表

民國19年(1930年)出　生

年柱	月柱		日柱※	
己巳	1/1～1/5	丙子	1月出生	47
	1/6～2/3	丁丑		
庚午	2/4～3/5	戊寅	2月	18
	3/6～4/4	己卯	3月	46
	4/5～5/5	庚辰	4月	17
	5/6～6/5	辛巳	5月	47
	6/6～7/7	壬午	6月	18
	7/8～8/7	癸未	7月	48
	8/8～9/7	甲申	8月	19
	9/8～10/8	乙酉	9月	50
	10/9～11/7	丙戌	10月	20
	11/8～12/7	丁亥	11月	51
	12/8～12/31	戊子	12月	21

※日柱欄的數字加上生日。請參閱日柱一覽表

民國20年(1931年)出　生

年柱	月柱		日柱※	
庚午	1/1～1/5	戊子	1月出生	52
	1/6～2/4	己丑		
辛未	2/5～3/5	庚寅	2月	23
	3/6～4/5	辛卯	3月	51
	4/6～5/5	壬辰	4月	22
	5/6～6/6	癸巳	5月	52
	6/7～7/7	甲午	6月	23
	7/8～8/7	乙未	7月	53
	8/8～9/8	丙申	8月	24
	9/9～10/8	丁酉	9月	55
	10/9～11/7	戊戌	10月	25
	11/8～12/7	己亥	11月	56
	12/8～12/31	庚子	12月	26

民國21年(1932年)出生

年柱	月柱		日柱※	
辛未	1/1～1/5	庚子	1月出生	(57)
	1/6～2/4	辛丑		
壬申	2/5～3/5	壬寅	2月	㉘
	3/6～4/4	癸卯	3月	(57)
	4/5～5/5	甲辰	4月	㉘
	5/6～6/5	乙巳	5月	(58)
	6/6～7/6	丙午	6月	㉙
	7/7～8/7	丁未	7月	(59)
	8/8～9/7	戊申	8月	㉚
	9/8～10/7	己酉	9月	①
	10/8～11/6	庚戌	10月	㉛
	11/7～12/6	辛亥	11月	②
	12/7～12/31	壬子	12月	㉜

民國22年(1933年)出生

年柱	月柱		日柱※	
壬申	1/1～1/5	壬子	1月出生	③
	1/6～2/3	癸丑		
癸酉	2/4～3/5	甲寅	2月	㉞
	3/6～4/4	乙卯	3月	②
	4/5～5/5	丙辰	4月	㉝
	5/6～6/5	丁巳	5月	③
	6/6～7/7	戊午	6月	㉞
	7/7～8/7	己未	7月	④
	8/8～9/7	庚申	8月	㉟
	9/8～10/8	辛酉	9月	⑥
	10/9～11/7	壬戌	10月	㊱
	11/8～12/6	癸亥	11月	⑦
	12/7～12/31	甲子	12月	㊲

※日柱欄的數字加上生日。請參閱日柱一覽表

民國24年(1935年)出　生

年柱	月柱		日柱※	
甲戌	1/1～1/5	丙子	1月出生	⑬
	1/6～2/4	丁丑		
乙亥	2/5～3/5	戊寅	2月	㊹
	3/6～4/5	己卯	3月	⑫
	4/6～5/5	庚辰	4月	㊸
	5/6～6/6	辛巳	5月	⑬
	6/7～7/7	壬午	6月	㊹
	7/8～8/7	癸未	7月	⑭
	8/8～9/7	甲申	8月	㊺
	9/8～10/8	乙酉	9月	⑯
	10/9～11/7	丙戌	10月	㊻
	11/8～12/7	丁亥	11月	⑰
	12/8～12/31	戊子	12月	㊼

※日柱欄的數字加上生日。請參閱日柱一覽表

民國23年(1934年)出　生

年柱	月柱		日柱※	
癸酉	1/1～1/5	甲子	1月出生	⑧
	1/6～2/3	乙丑		
甲戌	2/4～3/5	丙寅	2月	㊴
	3/6～4/4	丁卯	3月	⑦
	4/5～5/5	戊辰	4月	㊳
	5/6～6/5	己巳	5月	⑧
	6/6～7/7	庚午	6月	㊴
	7/8～8/7	辛未	7月	⑨
	8/8～9/7	壬申	8月	㊵
	9/8～10/8	癸酉	9月	⑪
	10/9～11/7	甲戌	10月	㊶
	11/8～12/7	乙亥	11月	⑫
	12/8～12/31	丙子	12月	㊷

民國26年(1937年)出　生

年柱	月柱		日柱※	
丙子	1/1～1/5	庚子	1月出生	24
	1/6～2/3	辛丑		
丁丑	2/4～3/5	壬寅	2月	55
	3/6～4/4	癸卯	3月	23
	4/5～5/5	甲辰	4月	54
	5/6～6/5	乙巳	5月	24
	6/6～7/6	丙午	6月	55
	7/7～8/7	丁未	7月	25
	8/8～9/7	戊申	8月	56
	9/8～10/8	己酉	9月	27
	10/9～11/7	庚戌	10月	57
	11/8～12/6	辛亥	11月	28
	12/7～12/31	壬子	12月	58

民國25年(1936年)出　生

年柱	月柱		日柱※	
乙亥	1/1～1/5	戊子	1月出生	18
	1/6～2/4	己丑		
丙子	2/5～3/5	庚寅	2月	49
	3/6～4/4	辛卯	3月	18
	4/5～5/5	壬辰	4月	49
	5/6～6/5	癸巳	5月	19
	6/6～7/6	甲午	6月	50
	7/7～8/7	乙未	7月	20
	8/8～9/7	丙申	8月	51
	9/8～10/7	丁酉	9月	22
	10/8～11/6	戊戌	10月	52
	11/7～12/6	己亥	11月	23
	12/7～12/31	庚子	12月	53

※日柱欄的數字加上生日。請參閱日柱一覽表

民國28年(1939年)出　生

年柱	月柱		日柱※	
戊寅	1/1～1/5	甲子	1月出生	㉞
	1/6～2/4	乙丑		
己卯	2/5～3/5	丙寅	2月	⑤
	3/6～4/5	丁卯	3月	㉝
	4/6～5/5	戊辰	4月	④
	5/6～6/5	己巳	5月	㉞
	6/6～7/7	庚午	6月	⑤
	7/8～8/7	辛未	7月	㉟
	8/8～9/7	壬申	8月	⑥
	9/8～10/8	癸酉	9月	㊲
	10/9～11/7	甲戌	10月	⑦
	11/8～12/7	乙亥	11月	㊳
	12/8～12/31	丙子	12月	⑧

※日柱欄的數字加上生日。請參閱日柱一覽表

民國27年(1938年)出　生

年柱	月柱		日柱※	
丁丑	1/1～1/5	壬子	1月出生	㉙
	1/6～2/3	癸丑		
戊寅	2/4～3/5	甲寅	2月	⓪
	3/6～4/4	乙卯	3月	㉘
	4/5～5/5	丙辰	4月	(59)
	5/6～6/5	丁巳	5月	㉙
	6/6～7/7	戊午	6月	⓪
	7/8～8/7	己未	7月	㉚
	8/8～9/7	庚申	8月	①
	9/8～10/8	辛酉	9月	㉜
	10/9～11/7	壬戌	10月	②
	11/8～12/7	癸亥	11月	㉝
	12/8～12/31	甲子	12月	③

民國29年(1940年)出　生

年柱	月柱		日柱※	
己卯	1/1～1/5	丙子	1月出生	㊴
	1/6～2/4	丁丑		
庚辰	2/5～3/5	戊寅	2月	⑩
	3/6～4/4	己卯	3月	㊴
	4/5～5/5	庚辰	4月	⑩
	5/6～6/5	辛巳	5月	㊵
	6/6～7/6	壬午	6月	⑪
	7/7～8/7	癸未	7月	㊶
	8/8～9/7	甲申	8月	⑫
	9/8～10/7	乙酉	9月	㊸
	10/8～11/6	丙戌	10月	⑬
	11/7～12/6	丁亥	11月	㊹
	12/7～12/31	戊子	12月	⑭

民國30年(1941年)出　生

年柱	月柱		日柱※	
庚辰	1/1～1/5	戊子	1月出生	㊺
	1/6～2/3	己丑		
辛巳	2/4～3/5	庚寅	2月	⑯
	3/6～4/4	辛卯	3月	㊹
	4/5～5/5	壬辰	4月	⑮
	5/6～6/5	癸巳	5月	㊺
	6/6～7/6	甲午	6月	⑯
	7/7～8/7	乙未	7月	㊻
	8/8～9/7	丙申	8月	⑰
	9/8～10/8	丁酉	9月	㊽
	10/9～11/7	戊戌	10月	⑱
	11/8～12/6	己亥	11月	㊾
	12/7～12/31	庚子	12月	⑲

※日柱欄的數字加上生日。請參閱日柱一覽表

民國31年(1942年)出　生

年柱	月柱		日柱	※
辛巳	1/1～1/5	庚子	1月出生	50
	1/6～2/3	辛丑		
壬午	2/4～3/5	壬寅	2月	21
	3/6～4/4	癸卯	3月	49
	4/5～5/5	甲辰	4月	20
	5/6～6/5	乙巳	5月	50
	6/6～7/7	丙午	6月	21
	7/8～8/7	丁未	7月	51
	8/8～9/7	戊申	8月	22
	9/8～10/8	己酉	9月	53
	10/9～11/7	庚戌	10月	23
	11/8～12/7	辛亥	11月	54
	12/8～12/31	壬子	12月	24

※日柱欄的數字加上生日。請參閱日柱一覽表

民國32年(1943年)出　生

年柱	月柱		日柱	※
壬午	1/1～1/5	壬子	1月出生	55
	1/6～2/4	癸丑		
癸未	2/5～3/5	甲寅	2月	26
	3/6～4/5	乙卯	3月	54
	4/6～5/5	丙辰	4月	25
	5/6～6/5	丁巳	5月	55
	6/6～7/7	戊午	6月	26
	7/8～8/7	己未	7月	56
	8/8～9/7	庚申	8月	27
	9/8～10/8	辛酉	9月	58
	10/9～11/7	壬戌	10月	28
	11/8～12/7	癸亥	11月	59
	12/8～12/31	甲子	12月	29

民國34年(1945年)出　生

年柱	月柱		日柱※	
甲申	1/1～1/5	丙子	1月出生	⑥
	1/6～2/3	丁丑		
乙酉	2/4～3/5	戊寅	2月	㊲
	3/6～4/4	己卯	3月	⑤
	4/5～5/5	庚辰	4月	㊱
	5/6～6/5	辛巳	5月	⑥
	6/6～7/6	壬午	6月	㊲
	7/7～8/7	癸未	7月	⑦
	8/8～9/7	甲申	8月	㊳
	9/8～10/8	乙酉	9月	⑨
	10/9～11/7	丙戌	10月	㊴
	11/8～12/6	丁亥	11月	⑩
	12/7～12/31	戊子	12月	㊵

※日柱欄的數字加上生日。請參閱日柱一覽表

民國33年(1944年)出　生

年柱	月柱		日柱※	
癸未	1/1～1/5	甲子	1月出生	⓪
	1/6～2/4	乙丑		
甲申	2/5～3/5	丙寅	2月	㉛
	3/6～4/4	丁卯	3月	⓪
	4/5～5/5	戊辰	4月	㉛
	5/6～6/5	己巳	5月	①
	6/6～7/6	庚午	6月	㉜
	7/7～8/7	辛未	7月	②
	8/8～9/7	壬申	8月	㉝
	9/8～10/7	癸酉	9月	④
	10/8～11/6	甲戌	10月	㉞
	11/7～12/6	乙亥	11月	⑤
	12/7～12/31	丙子	12月	㉟

民國36年(1947年)出　生

年柱	月柱		日柱※	
丙戌	1/1～1/5	庚子	1月出生	⑯
	1/6～2/4	辛丑		
丁亥	2/5～3/5	壬寅	2月	㊼
	3/6～4/5	癸卯	3月	⑮
	4/6～5/5	甲辰	4月	㊻
	5/6～6/5	乙巳	5月	⑯
	6/6～7/7	丙午	6月	㊼
	7/8～8/7	丁未	7月	⑰
	8/8～9/7	戊申	8月	㊽
	9/8～10/8	己酉	9月	⑲
	10/9～11/7	庚戌	10月	㊾
	11/8～12/7	辛亥	11月	⑳
	12/8～12/31	壬子	12月	㊿

民國35年(1946年)出　生

年柱	月柱		日柱※	
乙酉	1/1～1/5	戊子	1月出生	⑪
	1/6～2/3	己丑		
丙戌	2/4～3/5	庚寅	2月	㊷
	3/6～4/4	辛卯	3月	⑩
	4/5～5/5	壬辰	4月	㊶
	5/6～6/5	癸巳	5月	⑪
	6/6～7/7	甲午	6月	㊷
	7/8～8/7	乙未	7月	⑫
	8/8～9/7	丙申	8月	㊸
	9/8～10/8	丁酉	9月	⑭
	10/9～11/7	戊戌	10月	㊹
	11/8～12/7	己亥	11月	⑮
	12/8～12/31	庚子	12月	㊺

※日柱欄的數字加上生日。請參閱日柱一覽表

民國38年(1949年)出生

年柱	月柱		日柱※	
戊子	1/1～1/5	甲子	1月出生	27
	1/6～2/3	乙丑		
己丑	2/4～3/5	丙寅	2月	58
	3/6～4/4	丁卯	3月	26
	4/5～5/5	戊辰	4月	57
	5/6～6/5	己巳	5月	27
	6/6～7/6	庚午	6月	58
	7/7～8/7	辛未	7月	28
	8/8～9/7	壬申	8月	59
	9/8～10/7	癸酉	9月	30
	10/8～11/7	甲戌	10月	0
	11/8～12/6	乙亥	11月	31
	12/7～12/31	丙子	12月	1

※日柱欄的數字加上生日。請參閱日柱一覽表

民國37年(1948年)出生

年柱	月柱		日柱※	
丁亥	1/1～1/5	壬子	1月出生	21
	1/6～2/4	癸丑		
戊子	2/5～3/5	甲寅	2月	52
	3/6～4/4	乙卯	3月	21
	4/5～5/4	丙辰	4月	52
	5/5～6/5	丁巳	5月	22
	6/6～7/6	戊午	6月	53
	7/7～8/7	己未	7月	23
	8/8～9/7	庚申	8月	54
	9/8～10/7	辛酉	9月	25
	10/8～11/6	壬戌	10月	55
	11/7～12/6	癸亥	11月	26
	12/7～12/31	甲子	12月	56

民國39年(1950年)出　生

年柱	月柱		日柱※	
己丑	1/1～1/5	丙子	1月出生	㉜
	1/6～2/3	丁丑		
庚寅	2/4～3/5	戊寅	2月	③
	3/6～4/4	己卯	3月	㉛
	4/5～5/5	庚辰	4月	②
	5/6～6/5	辛巳	5月	㉜
	6/6～7/7	壬午	6月	③
	7/8～8/7	癸未	7月	㉝
	8/8～9/7	甲申	8月	④
	9/8～10/8	乙酉	9月	㉟
	10/9～11/7	丙戌	10月	⑤
	11/8～12/7	丁亥	11月	㊱
	12/8～12/31	戊子	12月	⑥

民國40年(1951年)出　生

年柱	月柱		日柱※	
庚寅	1/1～1/5	戊子	1月出生	㊲
	1/6～2/3	己丑		
辛卯	2/4～3/5	庚寅	2月	⑧
	3/6～4/4	辛卯	3月	㊱
	4/5～5/5	壬辰	4月	⑦
	5/6～6/5	癸巳	5月	㊲
	6/6～7/7	甲午	6月	⑧
	7/8～8/7	乙未	7月	㊳
	8/8～9/7	丙申	8月	⑨
	9/8～10/8	丁酉	9月	㊵
	10/9～11/7	戊戌	10月	⑩
	11/8～12/7	己亥	11月	㊶
	12/8～12/31	庚子	12月	⑪

※日柱欄的數字加上生日。請參閱日柱一覽表

民國42年(1953年)出　生

年柱	月柱		日柱※	
壬辰	1/1～1/4	壬子	1月出生	48
	1/5～2/3	癸丑		
癸巳	2/4～3/5	甲寅	2月	19
	3/6～4/4	乙卯	3月	47
	4/5～5/5	丙辰	4月	18
	5/6～6/5	丁巳	5月	48
	6/6～7/6	戊午	6月	19
	7/7～8/7	己未	7月	49
	8/8～9/7	庚申	8月	20
	9/8～10/7	辛酉	9月	51
	10/8～11/7	壬戌	10月	21
	11/8～12/6	癸亥	11月	52
	12/7～12/31	甲子	12月	22

※日柱欄的數字加上生日。請參閱日柱一覽表

民國41年(1952年)出　生

年柱	月柱		日柱※	
辛卯	1/1～1/5	庚子	1月出生	42
	1/6～2/4	辛丑		
壬辰	2/5～3/5	壬寅	2月	13
	3/6～4/4	癸卯	3月	42
	4/5～5/4	甲辰	4月	13
	5/5～6/5	乙巳	5月	43
	6/6～7/6	丙午	6月	14
	7/7～8/6	丁未	7月	44
	8/7～9/7	戊申	8月	15
	9/8～10/7	己酉	9月	46
	10/8～11/6	庚戌	10月	16
	11/7～12/6	辛亥	11月	47
	12/7～12/31	壬子	12月	17

民國44年(1955年)出　生

年柱	月柱		日柱※	
甲午	1/1～1/5	丙子	1月出生	㊿58
	1/6～2/3	丁丑		
乙未	2/4～3/5	戊寅	2月	㉙
	3/6～4/4	己卯	3月	57
	4/5～5/5	庚辰	4月	㉘
	5/6～6/5	辛巳	5月	58
	6/6～7/7	壬午	6月	㉙
	7/8～8/7	癸未	7月	59
	8/8～9/7	甲申	8月	㉚
	9/8～10/8	乙酉	9月	①
	10/9～11/7	丙戌	10月	㉛
	11/8～12/7	丁亥	11月	②
	12/8～12/31	戊子	12月	㉜

※日柱欄的數字加上生日。請參閱日柱一覽表

民國43年(1954年)出　生

年柱	月柱		日柱※	
癸巳	1/1～1/5	甲子	1月出生	53
	1/6～2/3	乙丑		
甲午	2/4～3/5	丙寅	2月	㉔
	3/6～4/4	丁卯	3月	52
	4/5～5/5	戊辰	4月	㉓
	5/6～6/5	己巳	5月	53
	6/6～7/7	庚午	6月	㉔
	7/8～8/7	辛未	7月	54
	8/8～9/7	壬申	8月	㉕
	9/8～10/8	癸酉	9月	56
	10/9～11/7	甲戌	10月	㉖
	11/8～12/7	乙亥	11月	57
	12/8～12/31	丙子	12月	㉗

民國46年(1957年)出生

年柱	月柱		日柱※	
丙申	1/1〜1/4	庚子	1月出生	⑨
	1/5〜2/3	辛丑		
丁酉	2/4〜3/5	壬寅	2月	㊵
	3/6〜4/4	癸卯	3月	⑧
	4/5〜5/5	甲辰	4月	㊴
	5/6〜6/5	乙巳	5月	⑨
	6/6〜7/6	丙午	6月	㊵
	7/7〜8/7	丁未	7月	⑩
	8/8〜9/7	戊申	8月	㊶
	9/8〜10/7	己酉	9月	⑫
	10/8〜11/7	庚戌	10月	㊷
	11/8〜12/6	辛亥	11月	⑬
	12/7〜12/31	壬子	12月	㊸

※日柱欄的數字加上生日。請參閱日柱一覽表

民國45年(1956年)出生

年柱	月柱		日柱※	
乙未	1/1〜1/5	戊子	1月出生	③
	1/6〜2/4	己丑		
丙申	2/5〜3/4	庚寅	2月	㉞
	3/5〜4/4	辛卯	3月	③
	4/5〜5/4	壬辰	4月	㉞
	5/5〜6/5	癸巳	5月	④
	6/6〜7/6	甲午	6月	㉟
	7/7〜8/6	乙未	7月	⑤
	8/7〜9/7	丙申	8月	㊱
	9/8〜10/7	丁酉	9月	⑦
	10/8〜11/6	戊戌	10月	㊲
	11/7〜12/6	己亥	11月	⑧
	12/7〜12/31	庚子	12月	㊳

民國48年(1959年)出生

年柱	月柱		日柱※	
戊戌	1/1～1/5	甲子	1月出生	19
	1/6～2/3	乙丑		
己亥	2/4～3/5	丙寅	2月	50
	3/6～4/4	丁卯	3月	18
	4/5～5/5	戊辰	4月	49
	5/6～6/5	己巳	5月	19
	6/6～7/7	庚午	6月	50
	7/8～8/7	辛未	7月	20
	8/8～9/7	壬申	8月	51
	9/8～10/8	癸酉	9月	22
	10/9～11/7	甲戌	10月	52
	11/8～12/7	乙亥	11月	23
	12/8～12/31	丙子	12月	53

※日柱欄的數字加上生日。請參閱日柱一覽表

民國47年(1958年)出生

年柱	月柱		日柱※	
丁酉	1/1～1/5	壬子	1月出生	14
	1/6～2/3	癸丑		
戊戌	2/4～3/5	甲寅	2月	45
	3/6～4/4	乙卯	3月	13
	4/5～5/5	丙辰	4月	44
	5/6～6/5	丁巳	5月	14
	6/6～7/7	戊午	6月	45
	7/8～8/7	己未	7月	15
	8/8～9/7	庚申	8月	46
	9/8～10/8	辛酉	9月	17
	10/9～11/7	壬戌	10月	47
	11/8～12/6	癸亥	11月	18
	12/7～12/31	甲子	12月	48

民國50年(1961年)出　生

年柱	月柱		日柱※	
庚子	1/1～1/4	戊子	1月出生	㉚
	1/5～2/3	己丑		
辛丑	2/4～3/5	庚寅	2月	①
	3/6～4/4	辛卯	3月	㉙
	4/5～5/5	壬辰	4月	⓪
	5/6～6/5	癸巳	5月	㉚
	6/6～7/6	甲午	6月	①
	7/7～8/7	乙未	7月	㉛
	8/8～9/7	丙申	8月	②
	9/8～10/7	丁酉	9月	㉝
	10/8～11/7	戊戌	10月	③
	11/8～12/6	己亥	11月	㉞
	12/7～12/31	庚子	12月	④

※日柱欄的數字加上生日。請參閱日柱一覽表

民國49年(1960年)出　生

年柱	月柱		日柱※	
己亥	1/1～1/5	丙子	1月出生	㉔
	1/6～2/4	丁丑		
庚子	2/5～3/4	戊寅	2月	(55)
	3/5～4/4	己卯	3月	㉔
	4/5～5/4	庚辰	4月	(55)
	5/5～6/5	辛巳	5月	㉕
	6/6～7/6	壬午	6月	(56)
	7/7～8/6	癸未	7月	㉖
	8/7～9/7	甲申	8月	(57)
	9/8～10/7	乙酉	9月	㉘
	10/8～11/6	丙戌	10月	(58)
	11/7～12/6	丁亥	11月	㉙
	12/7～12/31	戊子	12月	(59)

民國52年(1963年)出　生

年柱	月柱		日柱※	
壬寅	1/1～1/5	壬子	1月出生	㊵
	1/6～2/3	癸丑		
癸卯	2/4～3/5	甲寅	2月	⑪
	3/6～4/4	乙卯	3月	㊴
	4/5～5/5	丙辰	4月	⑩
	5/6～6/5	丁巳	5月	㊵
	6/6～7/7	戊午	6月	⑪
	7/8～8/7	己未	7月	㊶
	8/8～9/7	庚申	8月	⑫
	9/8～10/8	辛酉	9月	㊸
	10/9～11/7	壬戌	10月	⑬
	11/8～12/7	癸亥	11月	㊹
	12/8～12/31	甲子	12月	⑭

※日柱欄的數字加上生日。請參閱日柱一覽表

民國51年(1962年)出　生

年柱	月柱		日柱※	
辛丑	1/1～1/5	庚子	1月出生	㉟
	1/6～2/3	辛丑		
壬寅	2/4～3/5	壬寅	2月	⑥
	3/6～4/4	癸卯	3月	㉞
	4/5～5/5	甲辰	4月	⑤
	5/6～6/5	乙巳	5月	㉟
	6/6～7/6	丙午	6月	⑥
	7/7～8/7	丁未	7月	㊱
	8/8～9/7	戊申	8月	⑦
	9/8～10/8	己酉	9月	㊳
	10/9～11/7	庚戌	10月	⑧
	11/8～12/6	辛亥	11月	㊴
	12/7～12/31	壬子	12月	⑨

民國54年(1965年)出　生

年柱	月柱		日柱※	
甲辰	1/1～1/4	丙子	1月出生	51
	1/5～2/3	丁丑		
乙巳	2/4～3/5	戊寅	2月	22
	3/6～4/4	己卯	3月	50
	4/5～5/5	庚辰	4月	21
	5/6～6/5	辛巳	5月	51
	6/6～7/6	壬午	6月	22
	7/7～8/7	癸未	7月	52
	8/8～9/7	甲申	8月	23
	9/8～10/7	乙酉	9月	54
	10/8～11/6	丙戌	10月	24
	11/7～12/6	丁亥	11月	55
	12/7～12/31	戊子	12月	25

※日柱欄的數字加上生日。請參閱日柱一覽表

民國53年(1964年)出　生

年柱	月柱		日柱※	
癸卯	1/1～1/5	甲子	1月出生	45
	1/6～2/4	乙丑		
甲辰	2/5～3/4	丙寅	2月	16
	3/5～4/4	丁卯	3月	45
	4/5～5/4	戊辰	4月	16
	5/5～6/5	己巳	5月	46
	6/6～7/6	庚午	6月	17
	7/7～8/6	辛未	7月	47
	8/7～9/6	壬申	8月	18
	9/7～10/7	癸酉	9月	49
	10/8～11/6	甲戌	10月	19
	11/7～12/6	乙亥	11月	50
	12/7～12/31	丙子	12月	20

民國56年(1967年)出　生

年柱	月柱		日柱※	
丙午	1/1～1/5	庚子	1月出生	①
	1/6～2/3	辛丑		
丁未	2/4～3/5	壬寅	2月	㉜
	3/6～4/4	癸卯	3月	⓪
	4/5～5/5	甲辰	4月	㉛
	5/6～6/5	乙巳	5月	①
	6/6～7/7	丙午	6月	㉜
	7/8～8/7	丁未	7月	②
	8/8～9/7	戊申	8月	㉝
	9/8～10/8	己酉	9月	④
	10/9～11/7	庚戌	10月	㉞
	11/8～12/7	辛亥	11月	⑤
	12/8～12/31	壬子	12月	㉟

※日柱欄的數字加上生日。請參閱日柱一覽表

民國55年(1966年)出　生

年柱	月柱		日柱※	
乙巳	1/1～1/5	戊子	1月出生	(56)
	1/6～2/3	己丑		
丙午	2/4～3/5	庚寅	2月	㉗
	3/6～4/4	辛卯	3月	(55)
	4/5～5/5	壬辰	4月	㉖
	5/6～6/5	癸巳	5月	(56)
	6/6～7/6	甲午	6月	㉗
	7/7～8/7	乙未	7月	(57)
	8/8～9/7	丙申	8月	㉘
	9/8～10/8	丁酉	9月	(59)
	10/9～11/7	戊戌	10月	㉙
	11/8～12/6	己亥	11月	⓪
	12/7～12/31	庚子	12月	㉚

民國58年(1969年)出　生

年柱	月柱		日柱※	
戊申	1/1～1/4	甲子	1月出生	⑫
	1/5～2/3	乙丑		
己酉	2/4～3/5	丙寅	2月	㊸
	3/6～4/4	丁卯	3月	⑪
	4/5～5/5	戊辰	4月	㊷
	5/6～6/5	己巳	5月	⑫
	6/6～7/6	庚午	6月	㊸
	7/7～8/7	辛未	7月	⑬
	8/8～9/7	壬申	8月	㊹
	9/8～10/7	癸酉	9月	⑮
	10/8～11/6	甲戌	10月	㊺
	11/7～12/6	乙亥	11月	⑯
	12/7～12/31	丙子	12月	㊻

※日柱欄的數字加上生日。請參閱日柱一覽表

民國57年(1968年)出　生

年柱	月柱		日柱※	
丁未	1/1～1/5	壬子	1月出生	⑥
	1/6～2/4	癸丑		
戊申	2/5～3/4	甲寅	2月	㊲
	3/5～4/4	乙卯	3月	⑥
	4/5～5/4	丙辰	4月	㊲
	5/6～6/5	丁巳	5月	⑦
	6/6～7/6	戊午	6月	㊳
	7/7～8/6	己未	7月	⑧
	8/7～9/6	庚申	8月	㊴
	9/7～10/7	辛酉	9月	⑩
	10/8～11/6	壬戌	10月	㊵
	11/7～12/6	癸亥	11月	⑪
	12/7～12/31	甲子	12月	㊶

民國59年(1970年)出　生

年柱	月柱		日柱※	
己酉	1/1～1/5	丙子	1月出生	17
己酉	1/6～2/3	丁丑		
庚戌	2/4～3/5	戊寅	2月	48
庚戌	3/6～4/4	己卯	3月	16
庚戌	4/5～5/5	庚辰	4月	47
庚戌	5/6～6/5	辛巳	5月	17
庚戌	6/6～7/6	壬午	6月	48
庚戌	7/7～8/7	癸未	7月	18
庚戌	8/8～9/7	甲申	8月	49
庚戌	9/8～10/8	乙酉	9月	20
庚戌	10/9～11/7	丙戌	10月	50
庚戌	11/8～12/6	丁亥	11月	21
庚戌	12/7～12/31	戊子	12月	51

民國60年(1971年)出　生

年柱	月柱		日柱※	
庚戌	1/1～1/5	戊子	1月出生	22
庚戌	1/6～2/3	己丑		
辛亥	2/4～3/5	庚寅	2月	53
辛亥	3/6～4/4	辛卯	3月	21
辛亥	4/5～5/5	壬辰	4月	52
辛亥	5/6～6/5	癸巳	5月	22
辛亥	6/6～7/7	甲午	6月	53
辛亥	7/8～8/7	乙未	7月	23
辛亥	8/8～9/7	丙申	8月	54
辛亥	9/8～10/8	丁酉	9月	25
辛亥	10/9～11/7	戊戌	10月	55
辛亥	11/8～12/7	己亥	11月	26
辛亥	12/8～12/31	庚子	12月	56

※日柱欄的數字加上生日。請參閱日柱一覽表

民國62年(1973年)出　生

年柱	月柱		日柱※	
壬子	1/1～1/4	壬子	1月出生	㉝
	1/5～2/3	癸丑		
癸丑	2/4～3/5	甲寅	2月	④
	3/6～4/4	乙卯	3月	㉜
	4/5～5/5	丙辰	4月	③
	5/6～6/5	丁巳	5月	㉝
	6/6～7/6	戊午	6月	④
	7/7～8/7	己未	7月	㉞
	8/8～9/7	庚申	8月	⑤
	9/8～10/7	辛酉	9月	㊱
	10/8～11/6	壬戌	10月	⑥
	11/7～12/6	癸亥	11月	㊲
	12/7～12/31	甲子	12月	⑦

※日柱欄的數字加上生日。請參閱日柱一覽表

民國61年(1972年)出　生

年柱	月柱		日柱※	
辛亥	1/1～1/5	庚子	1月出生	㉗
	1/6～2/4	辛丑		
壬子	2/5～3/4	壬寅	2月	58
	3/5～4/4	癸卯	3月	㉗
	4/5～5/4	甲辰	4月	58
	5/5～6/4	乙巳	5月	㉘
	6/5～7/6	丙午	6月	59
	7/7～8/6	丁未	7月	㉙
	8/7～9/6	戊申	8月	⓪
	9/7～10/7	己酉	9月	㉛
	10/8～11/6	庚戌	10月	①
	11/7～12/6	辛亥	11月	㉜
	12/7～12/31	壬子	12月	②

民國63年(1974年)出　生

年柱	月柱		日柱※	
癸丑	1/1～1/5	甲子	1月出生	㊳
	1/6～2/3	乙丑		
甲寅	2/4～3/5	丙寅	2月	⑨
	3/6～4/4	丁卯	3月	㊲
	4/5～5/5	戊辰	4月	⑧
	5/6～6/5	己巳	5月	㊳
	6/6～7/6	庚午	6月	⑨
	7/7～8/7	辛未	7月	㊴
	8/8～9/7	壬申	8月	⑩
	9/8～10/8	癸酉	9月	㊶
	10/9～11/7	甲戌	10月	⑪
	11/8～12/6	乙亥	11月	㊷
	12/7～12/31	丙子	12月	⑫

民國64年(1975年)出　生

年柱	月柱		日柱※	
甲寅	1/1～1/5	丙子	1月出生	㊸
	1/6～2/3	丁丑		
乙卯	2/4～3/5	戊寅	2月	⑭
	3/6～4/4	己卯	3月	㊷
	4/5～5/5	庚辰	4月	⑬
	5/6～6/5	辛巳	5月	㊸
	6/6～7/7	壬午	6月	⑭
	7/8～8/7	癸未	7月	㊹
	8/8～9/7	甲申	8月	⑮
	9/8～10/8	乙酉	9月	㊻
	10/9～11/7	丙戌	10月	⑯
	11/8～12/7	丁亥	11月	㊼
	12/8～12/31	戊子	12月	⑰

※日柱欄的數字加上生日。請參閱日柱一覽表

民國66年(1977年)出　生

年柱	月柱		日柱※	
丙辰	1/1～1/4	庚子	1月出生	㊹
	1/5～2/3	辛丑		
丁巳	2/4～3/5	壬寅	2月	㉕
	3/6～4/4	癸卯	3月	㊸
	4/5～5/5	甲辰	4月	㉑
	5/6～6/5	乙巳	5月	㊹
	6/6～7/6	丙午	6月	㉕
	7/7～8/7	丁未	7月	㊺
	8/8～9/7	戊申	8月	㉖
	9/8～10/7	己酉	9月	㊼
	10/8～11/6	庚戌	10月	㉗
	11/7～12/6	辛亥	11月	㊽
	12/7～12/31	壬子	12月	㉘

※日柱欄的數字加上生日。請參閱日柱一覽表

民國65年(1976年)出　生

年柱	月柱		日柱※	
乙卯	1/1～1/5	戊子	1月出生	㊽
	1/6～2/4	己丑		
丙辰	2/5～3/4	庚寅	2月	⑲
	3/5～4/4	辛卯	3月	㊽
	4/5～5/4	壬辰	4月	⑲
	5/5～6/4	癸巳	5月	㊾
	6/5～7/6	甲午	6月	⑳
	7/7～8/6	乙未	7月	㊿
	8/7～9/6	丙申	8月	㉑
	9/7～10/7	丁酉	9月	(52)
	10/8～11/6	戊戌	10月	㉒
	11/7～12/6	己亥	11月	(53)
	12/7～12/31	庚子	12月	㉓

民國67年(1978年)出　生

年柱	月柱		日柱※	
丁巳	1/1～1/5	壬子	1月出生	59
	1/6～2/3	癸丑		
戊午	2/4～3/5	甲寅	2月	30
	3/6～4/4	乙卯	3月	58
	4/5～5/5	丙辰	4月	29
	5/6～6/5	丁巳	5月	59
	6/6～7/6	戊午	6月	30
	7/7～8/7	己未	7月	0
	8/8～9/7	庚申	8月	31
	9/8～10/8	辛酉	9月	2
	10/9～11/7	壬戌	10月	32
	11/8～12/6	癸亥	11月	3
	12/7～12/31	甲子	12月	33

民國68年(1979年)出　生

年柱	月柱		日柱※	
戊午	1/1～1/5	甲子	1月出生	4
	1/6～2/3	乙丑		
己未	2/4～3/5	丙寅	2月	35
	3/6～4/4	丁卯	3月	3
	4/5～5/5	戊辰	4月	34
	5/6～6/5	己巳	5月	4
	6/6～7/7	庚午	6月	35
	7/8～8/7	辛未	7月	5
	8/8～9/7	壬申	8月	36
	9/8～10/8	癸酉	9月	7
	10/9～11/7	甲戌	10月	37
	11/8～12/7	乙亥	11月	8
	12/8～12/31	丙子	12月	38

※日柱欄的數字加上生日。請參閱日柱一覽表

民國70年（1981年）出　生

年柱	月柱		日柱※	
庚申	1/1～1/4	戊子	1月出生	⑮
	1/5～2/3	己丑		
辛酉	2/4～3/5	庚寅	2月	㊻
	3/6～4/4	辛卯	3月	⑭
	4/5～5/4	壬辰	4月	㊺
	5/5～6/5	癸巳	5月	⑮
	6/6～7/6	甲午	6月	㊻
	7/7～8/6	乙未	7月	⑯
	8/7～9/7	丙申	8月	㊼
	9/8～10/7	丁酉	9月	⑱
	10/8～11/6	戊戌	10月	㊽
	11/7～12/6	己亥	11月	⑲
	12/7～12/31	庚子	12月	㊾

※日柱欄的數字加上生日。請參閱日柱一覽表

民國69年（1980年）出　生

年柱	月柱		日柱※	
己未	1/1～1/5	丙子	1月出生	⑨
	1/6～2/4	丁丑		
庚申	2/5～3/4	戊寅	2月	㊵
	3/5～4/3	己卯	3月	⑨
	4/4～5/4	庚辰	4月	㊵
	5/5～6/4	辛巳	5月	⑩
	6/5～7/6	壬午	6月	㊶
	7/7～8/6	癸未	7月	⑪
	8/7～9/6	甲申	8月	㊷
	9/7～10/7	乙酉	9月	⑬
	10/8～11/6	丙戌	10月	㊸
	11/7～12/6	丁亥	11月	⑭
	12/7～12/31	戊子	12月	㊹

民國72年(1983年)出　生

年柱	月柱		日柱※	
壬戌	1/1～1/5	壬子	1月出生	㉕
	1/6～2/3	癸丑		
癸亥	2/4～3/5	甲寅	2月	(56)
	3/6～4/4	乙卯	3月	㉔
	4/5～5/5	丙辰	4月	(55)
	5/6～6/5	丁巳	5月	㉕
	6/6～7/7	戊午	6月	(56)
	7/8～8/7	己未	7月	㉖
	8/8～9/7	庚申	8月	(57)
	9/8～10/8	辛酉	9月	㉘
	10/9～11/7	壬戌	10月	(58)
	11/8～12/7	癸亥	11月	㉙
	12/8～12/31	甲子	12月	(59)

※日柱欄的數字加上生日。請參閱日柱一覽表

民國71年(1982年)出　生

年柱	月柱		日柱※	
辛酉	1/1～1/5	庚子	1月出生	⑳
	1/6～2/3	辛丑		
壬戌	2/4～3/5	壬寅	2月	(51)
	3/6～4/4	癸卯	3月	⑲
	4/5～5/5	甲辰	4月	㊿
	5/6～6/5	乙巳	5月	⑳
	6/6～7/6	丙午	6月	(51)
	7/7～8/7	丁未	7月	㉑
	8/8～9/7	戊申	8月	(52)
	9/8～10/7	己酉	9月	㉓
	10/8～11/7	庚戌	10月	(53)
	11/8～12/6	辛亥	11月	㉔
	12/7～12/31	壬子	12月	(54)

民國73年(1984年)出　生

年柱	月柱		日柱※	
癸亥	1/1～1/5	甲子	1月出生	㉚
	1/6～2/4	乙丑		
甲子	2/5～3/4	丙寅	2月	①
	3/5～4/3	丁卯	3月	㉚
	4/4～5/4	戊辰	4月	①
	5/5～6/4	己巳	5月	㉛
	6/5～7/6	庚午	6月	②
	7/7～8/6	辛未	7月	㉜
	8/7～9/6	壬申	8月	③
	9/7～10/7	癸酉	9月	㉞
	10/8～11/6	甲戌	10月	④
	11/7～12/6	乙亥	11月	㉟
	12/7～12/31	丙子	12月	⑤

※日柱欄的數字加上生日。請參閱日柱一覽表

民國74年(1985年)出　生

年柱	月柱		日柱※	
甲子	1/1～1/4	丙子	1月出生	㊱
	1/5～2/3	丁丑		
乙丑	2/4～3/5	戊寅	2月	⑦
	3/6～4/4	己卯	3月	㉟
	4/5～5/4	庚辰	4月	⑥
	5/5～6/5	辛巳	5月	㊱
	6/6～7/6	壬午	6月	⑦
	7/7～8/6	癸未	7月	㊲
	8/7～9/7	甲申	8月	⑧
	9/8～10/7	乙酉	9月	㊴
	10/8～11/6	丙戌	10月	⑨
	11/7～12/6	丁亥	11月	㊵
	12/7～12/31	戊子	12月	⑩

註：民國七十五年以後出生，請再由民國十五年出生循環，即民國七十六年出生，見民國十六年出生。

6/10～7/9	7/10～8/7	8/8～9/6	9/7～10/6	10/7～11/4	11/5～12/4	12/5～1/3	民國16年
5/1～30	6/1～29	7/1～30	8/1～30	9/1～29	10/1～30	11/1～30	

6/29～7/28	7/29～8/26	8/27～9/25	9/26～10/24	10/25～11/23	11/24～12/23	12/24～1/22	民國17年
6/1～30	7/1～29	8/1～30	9/1～29	10/1～30	11/1～30	12/1～30	

6/18～7/16	7/17～8/14	8/15～9/13	9/14～10/12	10/13～11/11	11/12～12/11	12/12～1/10	民國18年
5/1～29	6/1～29	7/1～30	8/1～29	9/1～30	10/1～30	11/1～30	

6/7～7/6	7/7～8/4	8/5～9/2	9/3～10/2	10/3～10/31	11/1～11/30	12/1～12/30	12/31
5/1～30	6/1～29	7/1～29	8/1～30	9/1～29	10/1～30	11/1～30	12/1

6/26～7/25	7/26～8/23	8/24～9/21	9/22～10/21	10/22～11/19	11/20～12/29	12/20～1/18	民國20年
6/1～30	★ 6/1～29	7/1～.29	8/1～30	9/1～29	10/1～30	11/1～30	

6/16～7/14	7/15～8/13	8/14～9/11	9/12～10/10	10/11～11/9	11/10～12/8	12/9～1/7	民國21年
5/1～29	6/1～30	7/1～29	8/1～29	9/1～30	10/1～29	11/1～30	

新曆舊曆對照表

民國15年 1926						
新曆	1/1~1/13	1/14~2/12	2/13~3/13	3/14~4/11	4/12~5/11	5/12~6/9
舊曆	11/17~29	12/1~30	1/1~29	2/1~29	3/1~30	4/1~29

民國16年 1927						
新曆	1/4~2/1	2/2~3/3	3/4~4/1	4/2~4/30	5/1~5/30	5/31~6/28
舊曆	12/1~29	1/1~30	2/1~29	3/1~29	4/1~30	5/1~29

※ 民國17年 1928						
新曆	1/1~1/22	1/23~2/20	2/21~3/21	3/22~4/19	4/20~5/18	5/19~6/17
舊曆	12/9~30	1/1~29	2/1~30	★2/1~29	3/1~29	4/1~30

民國18年 1929						
新曆	1/1~1/10	1/11~2/9	2/10~3/10	3/11~4/9	4/10~5/18	5/9~6/6
舊曆	11/21~30	12/1~30	1/1~29	2/1~30	3/1~29	4/1~29

民國19年 1930						
新曆	1/1~1/29	1/30~2/27	2/28~3/29	3/30~4/28	4/29~5/27	5/28~6/25
舊曆	12/2~30	1/1~29	2/1~30	3/1~30	4/1~29	5/1~29

民國20年 1931						
新曆	1/1~1/18	1/19~2/16	2/17~3/18	3/19~4/17	4/18~5/16	5/17~6/15
舊曆	11/13~30	12/1~29	1/1~30	2/1~30	3/1~29	4/1~30

★閏 月 ;※閏 年

民國22年

7/4~8/1	8/2~8/31	9/1~9/29	9/30~10/28	10/29~11/27	11/28~12/26	12/27~1/25
6/1~29	7/1~30	8/1~29	9/1~29	10/1~30	11/1~29	12/1~30

民國23年

6/23~7/21	7/22~8/20	8/21~9/19	9/20~10/18	10/19~11/17	11/18~12/16	12/17~1/14
★5/1~29	6/1~30	7/1~30	8/1~29	9/1~30	10/1~29	11/1~29

民國24年

6/12~7/11	7/12~8/9	8/10~9/8	9/9~10/7	10/8~11/6	11/7~12/6	12/7~1/4
5/1~30	6/1~29	7/1~30	8/1~29	9/1~30	10/1~30	11/1~29

6/1~6/30	7/1~7/29	7/30~8/28	8/29~9/27	9/28~10/26	10/27~11/25	11/26~12/25	12/26~
5/1~30	6/1~29	7/1~30	8/1~30	9/1~29	10/1~30	11/1~30	12/1~

民國26年

6/19~7/17	7/18~8/16	8/17~9/15	9/16~10/14	10/15~11/13	11/14~12/13	12/14~1/12
5/1~29	6/1~30	7/1~30	8/1~29	9/1~30	10/1~30	11/1~30

民國27年

6/9~7/7	7/8~8/5	8/6~9/4	9/5~10/3	10/4~11/2	11/3~12/2	12/3~1/1
5/1~29	6/1~29	7/1~30	8/1~29	9/1~30	10/1~30	11/1~30

年	曆						
※ 民國21年 1932	新曆	1/8～2/5	2/6～3/6	3/7～4/5	4/6～5/5	5/6～6/3	6/4～7/3
	舊曆	12/1～29	1/1～30	2/1～30	3/1～30	4/1～29	5/1～30
民國22年 1933	新曆	1/1～1/25	1/26～2/23	2/24～3/25	3/26～4/24	4/25～5/23	5/24～6/22
	舊曆	12/6～30	1/1～29	2/1～30	3/1～30	4/1～29	5/1～30
民國23年 1934	新曆	1/1～1/14	1/15～2/13	2/14～3/14	3/15～4/13	4/14～5/12	5/13～6/11
	舊曆	11/16～29	12/1～30	1/1～29	2/1～30	3/1～29	4/1～30
民國24年 1935	新曆	1/1～1/4	1/5～2/3	2/4～3/4	3/5～4/2	4/3～5/2	5/3～5/31
	舊曆	11/25～29	12/1～30	1/1～29	2/1～29	3/1～30	4/1～29
※ 民國25年 1936	新曆	1/1～1/23	1/24～2/22	2/23～3/22	3/23～4/20	4/21～5/20	5/21～6/18
	舊曆	12/7～29	1/1～30	2/1～29	3/1～29	★3/1～30	4/1～29
民國26年 1937	新曆	1/1～1/12	1/13～2/10	2/11～3/12	3/13～4/10	4/11～5/9	5/10～6/8
	舊曆	11/19～30	12/1～29	1/1～30	2/1～29	3/1～29	4/1～30

★閏　月　;※閏　年

							民國28年
6/28~7/26	7/27~8/24	8/25~9/23	9/24~10/22	10/23~11/21	11/22~12/21	12/22~1/19	
6/1~29	7/1~29	★ 7/1~30	8/1~29	9/1~30	10/1~30	11/1~29	

							民國29年
6/17~7/16	7/17~8/14	8/15~9/12	9/13~10/12	10/13~11/10	11/11~12/10	12/11~1/8	
5/1~30	6/1~29	7/1~29	8/1~30	9/1~29	10/1~30	11/1~29	

6/6~7/4	7/5~8/3	8/4~9/1	9/2~9/30	10/1~10/30	10/31~11/28	11/29~12/28	12/29~	
5/1~29	6/1~30	7/1~29	8/1~29	9/1~30	10/1~29	11/1~30	12/1~	

							民國31年
6/25~7/23	7/24~8/22	8/23~9/20	9/21~10/19	10/20~11/18	11/19~12/17	12/18~1/16	
6/1~29	★ 6/1~30	7/1~29	8/1~29	9/1~30	10/1~29	11/1~30	

							民國32年
6/14~7/12	7/13~8/11	8/12~9/9	9/10~10/9	10/10~11/7	11/8~12/7	12/8~1/5	
5/1~29	6/1~30	7/1~29	8/1~30	9/1~29	10/1~29	11/1~29	

6/3~7/1	7/2~7/31	8/1~8/30	8/31~9/28	9/29~10/28	10/29~11/26	11/27~12/26	12/27~	
5/1~29	6/1~30	7/1~30	8/1~29	9/1~30	10/1~29	11/1~30	12/1~	

民國27年 1938	新曆	1/2~1/30	1/31~3/1	3/2~3/31	4/1~4/29	4/30~5/28	5/29~6/27
	舊曆	12/1~29	1/1~30	2/1~30	3/1~29	4/1~29	5/1~30

民國28年 1939	新曆	1/1~1/19	1/20~2/18	2/19~3/20	3/21~4/19	4/20~5/18	5/19~6/16
	舊曆	11/11~29	12/1~30	1/1~30	2/1~30	3/1~29	4/1~29

※民國29年 1940	新曆	1/1~1/8	1/9~2/7	2/8~3/8	3/9~4/7	4/8~5/6	5/7~6/5
	舊曆	11/22~29	12/1~30	1/1~30	2/1~30	3/1~29	4/1~30

民國30年 1941	新曆	1/1~1/26	1/27~2/25	2/26~3/27	3/28~4/25	4/26~5/25	5/26~6/24
	舊曆	12/4~29	1/1~30	2/1~30	3/1~29	4/1~30	5/1~30

民國31年 1942	新曆	1/1~1/16	1/17~2/14	2/15~3/16	3/17~4/14	4/15~5/14	5/15~6/13
	舊曆	11/15~30	12/1~29	1/1~30	2/1~29	3/1~30	4/1~30

民國32年 1943	新曆	1/1~1/5	1/6~2/4	2/5~3/5	3/6~4/4	4/5~5/3	5/4~6/2
	舊曆	11/25~29	12/1~30	1/1~29	2/1~30	3/1~29	4/1~30

★閏 月 ;※閏 年

民國34年

6/21～7/19	7/20～8/18	8/19～9/16	9/17～10/16	10/17～11/15	11/16～12/14	12/15～1/13
5/1～29	6/1～30	7/1～29	8/1～30	9/1～30	10/1～29	11/1～30

民國35年

6/10～7/8	7/9～8/7	8/8～9/5	9/6～10/5	10/6～11/4	11/5～12/4	12/5～1/2
5/1～29	6/1～30	7/1～29	8/1～30	9/1～30	10/1～30	11/1～29

5/31～6/28	6/29～7/27	7/28～8/26	8/27～9/24	9/25～10/24	10/25～11/23	11/24～12/22	12/23～
5/1～29	6/1～29	7/1～30	8/1～29	9/1～30	10/1～30	11/1～29	12/1～

民國37年

6/19～7/17	7/18～8/15	8/16～9/14	9/15～10/13	10/14～11/12	11/13～12/11	12/12～1/10
5/1～29	6/1～29	7/1～30	8/1～29	9/1～30	10/1～29	11/1～30

6/7～7/6	7/7～8/4	8/5～9/2	9/3～10/2	10/3～10/31	11/1～11/30	12/1～12/29	12/30～
5/1～30	6/1～29	7/1～29	8/1～30	9/1～30	10/1～30	11/1～29	12/1～

民國39年

6/26～7/25	7/26～8/23	8/24～9/21	9/22～10/21	10/22～11/19	11/20～12/19	12/20～1/17
6/1～30	7/1～29	★7/1～29	8/1～30	9/1～29	10/1～30	11/1～29

※ 民國33年 1944							
	新曆	1/1～1/24	1/25～2/23	2/24～3/23	3/24～4/22	4/23～5/21	5/22～6/20
	舊曆	12/6～29	1/1～29	2/1～30	3/1～30	4/1～29	★4/1～30

民國34年 1945							
	新曆	1/1～1/13	1/14～2/12	2/13～3/13	3/14～4/11	4/12～5/11	5/12～6/9
	舊曆	11/18～30	12/1～30	1/1～29	2/1～29	3/1～30	4/1～29

民國35年 1946							
	新曆	1/1～1/2	1/3～2/1	2/2～3/3	3/4～4/1	4/2～4/30	5/1～5/30
	舊曆	11/28～29	12/1～30	1/1～30	2/1～29	3/1～29	4/1～30

民國36年 1947							
	新曆	1/1～1/21	1/22～2/20	2/21～3/22	3/23～4/20	4/21～5/19	5/20～6/18
	舊曆	12/10～30	1/1～30	2/1～30	★2/1～29	3/1～29	4/1～30

※ 民國37年 1948							
	新曆	1/1～1/10	1/11～2/9	2/10～3/10	3/11～4/8	4/9～5/8	5/9～6/6
	舊曆	11/21～30	12/1～30	1/1～30	2/1～29	3/1～30	4/1～29

民國38年 1949							
	新曆	1/1～1/28	1/29～2/27	2/28～3/28	3/29～4/27	4/28～5/27	5/28～6/25
	舊曆	12/3～30	1/1～30	2/1～29	3/1～30	4/1～30	5/1～29

★閏月；※閏年

民國40年

6/15~7/14	7/15~8/13	8/14~9/11	9/12~10/10	10/11~11/9	11/10~12/8	12/9~1/7
5/1~30	6/1~30	7/1~29	8/1~29	9/1~30	10/1~29	11/1~30

6/5~7/3	7/4~8/2	8/3~8/31	9/1~9/30	10/1~10/29	10/30~11/28	11/29~12/27	12/28~
5/1~29	6/1~30	7/1~29	8/1~30	9/1~29	10/1~30	11/1~29	12/1~

民國42年

6/22~7/21	7/22~8/19	8/20~9/18	9/19~10/18	10/19~11/16	11/17~12/16	12/17~1/14
★5/1~30	6/1~29	7/1~30	8/1~30	9/1~29	10/1~30	11/1~29

民國43年

6/11~7/10	7/11~8/8	8/9~9/7	9/8~10/7	10/8~11/6	11/7~12/5	12/6~1/4
5/1~30	6/1~29	7/1~30	8/1~30	9/1~30	10/1~29	11/1~30

6/1~6/29	6/30~7/29	7/30~8/27	8/28~9/26	9/27~10/26	10/27~11/24	11/25~12/24	12/25~
5/1~29	6/1~30	7/1~29	8/1~30	9/1~30	10/1~29	11/1~30	12/1~

民國45年

6/20~7/18	7/19~8/17	8/18~9/15	9/16~10/15	10/16~11/13	11/14~12/13	12/14~1/12
5/1~29	6/1~30	7/1~29	8/1~30	9/1~29	10/1~30	11/1~30

年	曆						
民國39年 1950	新曆	1/1～1/17	1/18～2/16	2/17～3/17	3/18～4/16	4/17～5/16	5/17～6/14
	舊曆	11/13～29	12/1～30	1/1～29	2/1～30	3/1～30	4/1～29
民國40年 1951	新曆	1/1～1/7	1/8～2/5	2/6～3/7	3/8～4/5	4/6～5/5	5/6～6/4
	舊曆	11/24～30	12/1～29	1/1～30	2/1～29	3/1～30	4/1～30
※民國41年 1952	新曆	1/1～1/26	1/27～2/24	2/25～3/25	3/26～4/23	4/24～5/23	5/24～6/21
	舊曆	12/5～30	1/1～29	2/1～30	3/1～29	4/1～30	5/1～29
民國42年 1953	新曆	1/1～1/14	1/15～2/13	2/14～3/14	3/15～4/13	4/14～5/12	5/13～6/10
	舊曆	11/16～29	12/1～30	1/1～29	2/1～30	3/1～29	4/1～29
民國43年 1954	新曆	1/1～1/4	1/5～2/2	2/3～3/4	3/5～4/2	4/3～5/2	5/3～5/31
	舊曆	11/27～30	12/1～29	1/1～30	2/1～29	3/1～30	4/1～29
民國44年 1955	新曆	1/1～1/23	1/24～2/21	2/22～3/23	3/24～4/21	4/22～5/21	5/22～6/19
	舊曆	12/8～30	1/1～29	2/1～30	3/1～29	★3/1～30	4/1～29

★閏　月；※閏　年

6/9~7/7	7/8~8/5	8/6~9/4	9/5~10/3	10/4~11/2	11/3~12/1	12/2~12/31
5/1~29	6/1~29	7/1~30	8/1~29	9/1~30	10/1~29	11/1~30

民國47年

6/28~7/26	7/27~8/24	8/25~9/23	9/24~10/22	10/23~11/21	11/22~12/20	12/21~1/19
6/1~29	7/1~29	8/1~30	★ 8/1~29	9/1~30	10/1~29	11/1~30

民國48年

6/17~7/16	7/17~8/14	8/15~9/12	9/13~10/12	10/13~11/10	11/11~12/10	12/11~1/8
5/1~30	6/1~29	7/1~29	8/1~30	9/1~29	10/1~30	11/1~29

6/6~7/5	7/6~8/3	8/4~9/2	9/3~10/1	10/2~10/31	11/1~11/29	11/30~12/29	12/30~
5/1~30	6/1~29	7/1~30	8/1~29	9/1~30	10/1~29	11/1~30	12/1~

民國50年

6/24~7/23	7/24~8/21	8/22~9/20	9/21~10/19	10/20~11/18	11/19~12/17	12/18~1/16
6/1~30	★ 6/1~29	7/1~30	8/1~29	9/1~30	10/1~29	11/1~30

民國51年

6/13~7/12	7/13~8/10	8/11~9/9	9/10~10/9	10/10~11/7	11/8~12/7	12/8~1/6
5/1~30	6/1~29	7/1~30	8/1~30	9/1~29	10/1~30	11/1~30

※ 民國45年 1956						
新曆	1/1~1/12	1/13~2/11	2/12~3/11	3/12~4/10	4/11~5/9	5/10~6/8
舊曆	11/19~30	12/1~30	1/1~29	2/1~30	3/1~29	4/1~30

民國46年 1957						
新曆	1/1~1/30	1/31~3/1	3/2~3/30	3/31~4/29	4/30~5/28	5/29~6/27
舊曆	12/1~30	1/1~30	2/1~29	3/1~30	4/1~29	5/1~30

民國47年 1958						
新曆	1/1~1/19	1/20~2/17	2/18~3/19	3/20~4/18	4/19~5/18	5/19~6/16
舊曆	11/12~30	12/1~29	1/1~30	2/1~30	3/1~30	4/1~29

民國48年 1959						
新曆	1/1~1/8	1/9~2/7	2/8~3/8	3/9~4/7	4/8~5/7	5/8~6/5
舊曆	11/22~29	12/1~30	1/1~29	2/1~30	3/1~30	4/1~29

※ 民國49年 1960						
新曆	1/1~1/27	1/28~2/26	2/27~3/26	3/27~4/25	4/26~5/24	5/25~6/23
舊曆	12/3~29	1/1~30	2/1~29	3/1~30	4/1~29	5/1~30

民國50年 1961						
新曆	1/1~1/16	1/17~2/14	2/15~3/16	3/17~4/14	4/15~5/14	5/15~6/12
舊曆	11/15~30	12/1~29	1/1~30	2/1~29	3/1~30	4/1~29

★閏 月 ;※閏 年

6/2~7/1	7/2~7/30	7/31~8/29	8/30~9/28	9/29~10/27	10/28~11/26	11/27~12/26	12/27~
5/1~30	6/1~29	7/1~30	8/1~30	9/1~29	10/1~30	11/1~30	12/1~

民國53年

6/21~7/20	7/21~8/18	8/19~9/17	9/18~10/16	10/17~11/15	11/16~12/14	12/16~1/14
5/1~30	6/1~29	7/1~30	8/1~29	9/1~30	10/1~30	11/1~30

民國54年

6/10~7/8	7/9~8/7	8/8~9/5	9/6~10/5	10/6~11/3	11/4~12/3	12/4~1/2
5/1~29	6/1~30	7/1~29	8/1~30	9/1~29	10/1~30	11/1~30

民國56年

5/31~6/28	6/29~7/27	7/28~8/26	8/27~9/24	9/25~10/23	10/24~11/22	11/23~12/22	12/23~
5/1~29	6/1~30	7/1~30	8/1~29	9/1~29	10/1~30	11/1~30	12/1~

民國56年

6/19~7/17	7/18~8/15	8/16~9/14	9/15~10/13	10/14~11/11	11/12~12/11	12/12~1/10
5/1~29	6/1~29	7/1~30	8/1~29	9/1~29	10/1~30	11/1~30

6/8~7/7	7/8~8/5	8/6~9/3	9/4~10/3	10/4~11/1	11/2~12/1	12/2~12/30	12/31~
5/1~30	6/1~29	7/1~29	8/1~30	9/1~29	10/1~30	11/1~29	12/1~

民國51年 1962							
	新曆	1/1～1/5	1/6～2/4	2/5～3/5	3/6～4/4	4/5～5/3	5/4～6/1
	舊曆	11/25～29	12/1～30	1/1～29	2/1～30	3/1～30	4/1～29

民國52年 1963							
	新曆	1/1～1/24	1/25～2/23	2/24～3/24	3/25～4/23	4/24～5/22	5/23～6/20
	舊曆	12/6～29	1/1～29	2/1～29	3/1～30	4/1～29	4/1～29

※ 民國53年 1964							
	新曆	1/1～1/14	1/15～2/12	2/13～3/13	3/14～4/11	4/12～5/11	5/12～6/9
	舊曆	11/17～30	12/1～29	1/1～30	2/1～29	3/1～30	4/1～29

民國54年 1965							
	新曆	1/1～1/2	1/3～2/1	2/2～3/2	3/3～4/1	4/2～4/30	5/1～5/30
	舊曆	11/29～30	12/1～30	1/1～29	2/1～30	3/1～29	4/1～30

民國55年 1966							
	新曆	1/1～1/20	1/21～2/19	2/20～3/21	3/22～4/20	4/21～5/19	5/20～6/18
	舊曆	12/10～29	1/1～30	2/1～30	3/1～30	3/1～29	4/1～30

民國56年 1967							
	新曆	1/1～1/10	1/11～2/8	2/9～3/10	3/11～4/9	4/10～5/8	5/9～6/7
	舊曆	11/21～30	12/1～29	1/1～30	2/1～30	3/1～29	4/1～30

★閏 月 ；※閏 年

民國58年

6/26～7/24	7/25～8/23	8/24～9/21	9/22～10/21	10/22～11/19	11/20～12/19	12/20～1/17
6/1～29	★6/1～30	7/1～29	8/1～30	9/1～29	10/1～30	11/1～29

民國59年

6/15～7/13	7/14～8/12	8/13～9/11	9/12～10/10	10/11～11/9	11/10～12/8	12/9～1/7
5/1～29	6/1～30	7/1～30	8/1～29	9/1～30	10/1～29	11/1～30

6/4～7/2	7/3～8/1	8/2～8/31	9/1～9/29	9/30～10/29	10/30～11/28	11/29～12/27	12/28～
5/1～29	6/1～30	7/1～30	8/1～29	9/1～30	10/1～30	11/1～29	12/1～

民國61年

6/23～7/21	7/22～8/20	8/21～9/18	9/19～10/18	10/19～11/17	11/18～12/17	12/18～1/15
★5/1～29	6/1～30	7/1～29	8/1～30	9/1～30	10/1～30	11/1～29

民國62年

6/11～7/10	7/11～8/8	8/9～9/7	9/8～10/6	10/7～11/5	11/6～12/5	12/6～1/4
5/1～30	6/1～29	7/1～30	8/1～29	9/1～30	10/1～30	11/1～30

6/1～6/29	6/30～7/29	7/30～8/27	8/28～9/25	9/26～10/25	10/26～11/24	11/25～12/23	12/24～
5/1～29	6/1～30	7/1～29	8/1～29	9/1～30	10/1～30	11/1～29	12/1～

※ 民國57年 1968	新曆	1/1～1/29	1/30～2/27	2/28～3/28	3/29～4/26	4/27～5/26	5/27～6/25
	舊曆	12/2～29	1/1～29	2/1～30	3/1～29	4/1～30	5/1～30

民國58年 1969	新曆	1/1～1/17	1/18～2/16	2/17～3/7	3/18～4/16	4/17～5/15	5/16～6/14
	舊曆	11/13～29	12/1～30	1/1～29	2/1～30	3/1～29	4/1～30

民國59年 1970	新曆	1/1～1/7	1/8～2/5	2/6～3/7	3/8～4/5	4/6～5/4	5/5～6/3
	舊曆	11/24～29	12/1～29	1/1～30	2/1～29	3/1～29	4/1～30

民國60年 1971	新曆	1/1～1/26	1/27～2/24	2/25～3/26	3/27～4/24	4/25～5/23	5/24～6/22
	舊曆	12/5～30	1/1～29	2/1～30	3/1～29	4/1～29	5/1～30

※ 民國61年 1972	新曆	1/1～1/15	1/16～2/14	2/15～3/14	3/15～4/13	4/14～5/12	5/13～6/10
	舊曆	11/16～29	12/1～30	1/1～29	2/1～30	3/1～29	4/1～29

民國62年 1973	新曆	1/1～1/3	1/4～2/2	2/3～3/4	3/5～4/2	4/3～5/2	5/3～5/31
	舊曆	11/27～29	12/1～30	1/1～30	2/1～29	3/1～30	4/1～29

★閏月；※閏年

民國64年

6/20~7/18	7/19~8/17	8/18~9/15	9/16~10/14	10/15~11/13	11/14~12/13	12/14~1/11
5/1~29	6/1~30	7/1~29	8/1~29	9/1~30	10/1~30	11/1~29

6/10~7/8	7/9~8/6	8/7~9/5	9/6~10/4	10/5~11/2	11/3~12/2	12/3~12/31
5/1~29	6/1~29	7/1~30	8/1~29	9/1~29	10/1~30	11/1~29

民國66年

6/27~7/26	7/27~8/24	8/25~9/23	9/24~10/22	10/23~11/20	11/21~12/20	12/21~1/19
6/1~30	7/1~29	8/1~30	★ 9/1~29	9/1~29	10/1~30	11/1~30

民國67年

6/17~7/15	7/16~8/14	8/15~9/12	9/13~10/12	10/13~11/10	11/11~12/10	12/11~1/8
5/1~29	6/1~30	7/1~29	8/1~30	9/1~29	10/1~30	11/1~29

6/6~7/4	7/5~8/3	8/4~9/1	9/2~10/1	10/2~10/31	11/1~11/29	11/30~12/29	12/30~
5/1~29	6/1~30	7/1~29	8/1~30	9/1~30	10/1~29	11/1~30	12/1~

民國69年

6/24~7/23	7/24~8/22	8/23~9/20	9/21~10/20	10/21~11/19	11/20~12/18	12/19~1/17
6/1~30	★ 6/1~30	7/1~29	8/1~30	9/1~30	10/1~29	11/1~30

年	曆						
民國63年 1974	新曆	1/1～1/22	1/23～2/21	2/22～3/23	3/24～4/21	4/22～5/21	5/22～6/19
	舊曆	12/9～30	1/1～30	2/1～30	3/1～29	4/1～30	★4/1～29
民國64年 1975	新曆	1/1～1/11	1/12～2/10	2/11～3/12	3/13～4/11	4/12～5/10	5/11～6/9
	舊曆	11/19～29	12/1～30	1/1～30	2/1～30	3/1～29	4/1～30
※民國65年 1976	新曆	1/1～1/30	1/31～2/29	3/1～3/30	3/31～4/28	4/29～5/28	5/29～6/26
	舊曆	12/1～30	1/1～30	2/1～30	3/1～29	4/1～30	5/1～29
民國66年 1977	新曆	1/1～1/18	1/19～2/17	2/18～3/19	3/20～4/17	4/18～5/17	5/18～6/16
	舊曆	11/12～29	12/1～30	1/1～30	2/1～29	3/1～30	4/1～30
民國67年 1978	新曆	1/1～1/8	1/9～2/6	2/7～3/8	3/9～4/6	4/7～5/6	5/7～6/5
	舊曆	11/22～29	12/1～29	1/1～30	2/1～29	3/1～30	4/1～30
民國68年 1979	新曆	1/1～1/27	1/28～2/26	2/27～3/27	3/28～4/25	4/26～5/25	5/26～6/23
	舊曆	12/3～29	1/1～30	2/1～29	3/1～29	4/1～30	5/1～29

★閏 月 ;※閏 年

民國70年

6/13~7/11	7/12~8/10	8/11~9/8	9/9~10/8	10/9~11/7	11/8~12/6	12/7~1/5
5/1~29	6/1~30	7/1~29	8/1~30	9/1~30	10/1~29	11/1~30

6/2~7/1	7/2~7/30	7/31~8/28	8/29~9/27	9/28~10/27	10/28~11/25	11/26~12/25	12/26~
5/1~30	6/1~29	7/1~29	8/1~30	9/1~30	10/1~29	11/1~30	12/1~

民國72年

6/21~7/20	7/21~8/18	8/19~9/16	9/17~10/16	10/17~11/14	11/15~12/14	12/15~1/13
5/1~30	6/1~30	7/1~29	8/1~30	9/1~29	10/1~30	11/1~30

民國73年

6/11~7/9	7/10~8/8	8/9~9/6	9/7~10/5	10/6~11/4	11/5~12/3	12/4~1/2
5/1~29	6/1~30	7/1~29	8/1~29	9/1~30	10/1~29	11/1~30

5/31~6/28	6/29~7/27	7/28~8/26	8/27~9/24	9/25~10/24	10/25~11/22	11/23~12/21	12/22~
5/1~29	6/1~29	7/1~30	8/1~29	9/1~30	10/1~29	10/1~★29	11/1~

民國75年

6/18~7/17	7/18~8/15	8/16~9/14	9/15~10/13	10/14~11/11	11/12~12/11	12/12~1/9
5/1~30	6/1~29	7/1~30	8/1~29	9/1~29	10/1~30	11/1~29

新曆舊曆對照表

年							
※民國69年 1980	新曆	1/1～1/17	1/18～2/15	2/16～3/16	3/17～4/14	4/15～5/13	5/14～6/12
	舊曆	11/14～30	12/1～29	1/1～30	2/1～29	3/1～29	4/1～30
民國70年 1981	新曆	1/1～1/5	1/6～2/4	2/5～3/5	3/6～4/4	4/5～5/3	5/4～6/1
	舊曆	11/26～30	12/1～30	1/1～29	2/1～30	3/1～29	4/1～29
民國71年 1982	新曆	1/1～1/24	1/25～2/23	2/24～3/24	3/25～4/23	4/21～5/22	5/23～6/20
	舊曆	12/7～30	1/1～30	2/1～29	3/1～30	4/1～29	★4/1～29
民國72年 1983	新曆	1/1～1/13	1/14～2/12	2/13～3/14	3/15～4/12	4/13～5/12	5/13～6/10
	舊曆	11/18～30	12/1～30	1/1～30	2/1～29	3/1～30	4/1～29
※民國73年 1984	新曆	1/1～1/2	1/3～2/1	2/2～3/2	3/3～3/31	4/1～4/30	5/1～5/30
	舊曆	11/29～30	12/1～30	1/1～30	2/1～29	3/1～30	4/1～30
民國74年 1985	新曆	1/1～1/20	1/21～2/19	2/20～3/20	3/21～4/19	4/20～5/19	5/20～6/17
	舊曆	11/11～30	12/1～30	1/1～29	2/1～30	3/1～30	4/1～29

★閏　月　；※閏　年

註:民國 75 年以後出生,請再由民國 15 年循環

日柱一覽表

①	⑪	㉑	㉛	㊶	(51)
甲子	甲戌	甲申	甲午	甲辰	甲寅
②	⑫	㉒	㉜	㊷	(52)
乙丑	乙亥	乙酉	乙未	乙巳	乙卯
③	⑬	㉓	㉝	㊸	(53)
丙寅	丙子	丙戌	丙申	丙午	丙辰
④	⑭	㉔	㉞	㊹	(54)
丁卯	丁丑	丁亥	丁酉	丁未	丁巳
⑤	⑮	㉕	㉟	㊺	(55)
戊辰	戊寅	戊子	戊戌	戊申	戊午
⑥	⑯	㉖	㊱	㊻	(56)
己巳	己卯	己丑	己亥	己酉	己未
⑦	⑰	㉗	㊲	㊼	(57)
庚午	庚辰	庚寅	庚子	庚戌	庚申
⑧	⑱	㉘	㊳	㊽	(58)
辛未	辛巳	辛卯	辛丑	辛亥	辛酉
⑨	⑲	㉙	㊴	㊾	(59)
壬申	壬午	壬辰	壬寅	壬子	壬戌
⑩	⑳	㉚	㊵	㊿	(60)
癸酉	癸未	癸巳	癸卯	癸丑	癸亥

*超過 60﹐再從 1 循環

★附錄★　命宮速見盤

〔A〕

和命宮、身宮速見盤共通的外側盤

〔速見盤的製作法〕

剪下A、B、C各圓盤，欲找出命宮時，將B盤疊在A盤上，如欲找出身宮，則將C盤疊在A盤上，可用火柴棒插進中心。

身宮 速見盤 ★附錄★

※請參考本書26頁

〔B〕

命宮速見盤之內側盤

命宮找出法

①將內側盤的「子」的位置，對準外側盤的生月的「支」上。
②與內側的生時的支相重合的外側盤的「支」之位置，即您的命宮所在。

〔C〕

身宮速見盤之內側盤

身宮找出法

①內側盤的「子」的位置，對正外側盤的生月的「支」。
②與內側盤的生時之友相重合的外側的「支」之位置，即您的身宮所在。

大展出版社有限公司
品冠文化出版社

圖書目錄

地址：台北市北投區(石牌)
致遠一路二段 12 巷 1 號
郵撥：01669551＜大展＞
電話：(02) 28236031
28236033
傳真：(02) 28272069

・生 活 廣 場・品冠編號 61

1.	366 天誕生星	李芳黛譯	280 元
2.	366 天誕生花與誕生石	李芳黛譯	280 元
3.	科學命相	淺野八郎著	220 元
4.	已知的他界科學	陳蒼杰譯	220 元
5.	開拓未來的他界科學	陳蒼杰譯	220 元
6.	世紀末變態心理犯罪檔案	沈永嘉譯	240 元
7.	366 天開運年鑑	林廷宇編著	230 元
8.	色彩學與你	野村順一著	230 元
9.	科學手相	淺野八郎著	230 元
10.	你也能成為戀愛高手	柯富陽編著	220 元
11.	血型與十二星座	許淑瑛編著	230 元
12.	動物測驗—人性現形	淺野八郎著	200 元
13.	愛情、幸福完全自測	淺野八郎著	200 元
14.	輕鬆攻佔女性	趙奕世編著	230 元
15.	解讀命運密碼	郭宗德著	200 元
16.	由客家了解亞洲	高木桂藏著	220 元

・女醫師系列・品冠編號 62

1.	子宮內膜症	國府田清子著	200 元
2.	子宮肌瘤	黑島淳子著	200 元
3.	上班女性的壓力症候群	池下育子著	200 元
4.	漏尿、尿失禁	中田真木著	200 元
5.	高齡生產	大鷹美子著	200 元
6.	子宮癌	上坊敏子著	200 元
7.	避孕	早乙女智子著	200 元
8.	不孕症	中村春根著	200 元
9.	生理痛與生理不順	堀口雅子著	200 元
10.	更年期	野末悅子著	200 元

・傳統民俗療法・品冠編號 63

1.	神奇刀療法	潘文雄著	200 元

2. 神奇拍打療法　安在峰著　200 元
3. 神奇拔罐療法　安在峰著　200 元
4. 神奇艾灸療法　安在峰著　200 元
5. 神奇貼敷療法　安在峰著　200 元
6. 神奇薰洗療法　安在峰著　200 元
7. 神奇耳穴療法　安在峰著　200 元
8. 神奇指針療法　安在峰著　200 元
9. 神奇藥酒療法　安在峰著　200 元
10. 神奇藥茶療法　安在峰著　200 元
11. 神奇推拿療法　張貴荷著　200 元
12. 神奇止痛療法　漆 浩 著　200 元

・彩色圖解保健・品冠編號 64

1. 瘦身　主婦之友社　300 元
2. 腰痛　主婦之友社　300 元
3. 肩膀痠痛　主婦之友社　300 元
4. 腰、膝、腳的疼痛　主婦之友社　300 元
5. 壓力、精神疲勞　主婦之友社　300 元
6. 眼睛疲勞、視力減退　主婦之友社　300 元

・心 想 事 成・品冠編號 65

1. 魔法愛情點心　結城莫拉著　120 元
2. 可愛手工飾品　結城莫拉著　120 元
3. 可愛打扮 & 髮型　結城莫拉著　120 元
4. 撲克牌算命　結城莫拉著　120 元

・少 年 偵 探・品冠編號 66

1. 怪盜二十面相　（精）　江戶川亂步著　特價 189 元
2. 少年偵探團　（精）　江戶川亂步著　特價 189 元
3. 妖怪博士　（精）　江戶川亂步著　特價 189 元
4. 大金塊　（精）　江戶川亂步著　特價 230 元
5. 青銅魔人　（精）　江戶川亂步著　特價 230 元
6. 地底魔術王　（精）　江戶川亂步著　特價 230 元
7. 透明怪人　（精）　江戶川亂步著　特價 230 元
8. 怪人四十面相　（精）　江戶川亂步著　特價 230 元
9. 宇宙怪人　（精）　江戶川亂步著　特價 230 元
10. 恐怖的鐵塔王國　（精）　江戶川亂步著　特價 230 元
11. 灰色巨人　（精）　江戶川亂步著　特價 230 元
12. 海底魔術師　（精）　江戶川亂步著　特價 230 元
13. 黃金豹　（精）　江戶川亂步著　特價 230 元
14. 魔法博士　（精）　江戶川亂步著　特價 230 元

15. 馬戲怪人　（精）　江戶川亂步著　特價 230 元
16. 魔人銅鑼　（精）　江戶川亂步著　特價 230 元
17. 魔法人偶　（精）　江戶川亂步著　特價 230 元
18. 奇面城的秘密　（精）　江戶川亂步著　特價 230 元
19. 夜光人　（精）　江戶川亂步著　特價 230 元
20. 塔上的魔術師　（精）　江戶川亂步著　特價 230 元
21. 鐵人Q　（精）　江戶川亂步著　特價 230 元
22. 假面恐怖王　（精）　江戶川亂步著
23. 電人M　（精）　江戶川亂步著
24. 二十面相的詛咒　（精）　江戶川亂步著
25. 飛天二十面相　（精）　江戶川亂步著
26. 黃金怪獸　（精）　江戶川亂步著

・熱門新知・品冠編號 67

1. 圖解基因與 DNA　（精）　中原英臣 主編 230 元
2. 圖解人體的神奇　（精）　米山公啟 主編 230 元
3. 圖解腦與心的構造　（精）　永田和哉 主編 230 元
4. 圖解科學的神奇　（精）　鳥海光弘 主編 230 元
5. 圖解數學的神奇　（精）　柳 谷 晃 著

法律專欄連載・大展編號 58

台大法學院　法律學系／策劃
法律服務社／編著

1. 別讓您的權利睡著了(1)　200 元
2. 別讓您的權利睡著了(2)　200 元

・武術特輯・大展編號 10

1. 陳式太極拳入門　馮志強編著　180 元
2. 武式太極拳　郝少如編著　200 元
3. 練功十八法入門　蕭京凌編著　120 元
4. 教門長拳　蕭京凌編著　150 元
5. 跆拳道　蕭京凌編譯　180 元
6. 正傳合氣道　程曉鈴譯　200 元
7. 圖解雙節棍　陳銘遠著　150 元
8. 格鬥空手道　鄭旭旭編著　200 元
9. 實用跆拳道　陳國榮編著　200 元
10. 武術初學指南　李文英、解守德編著　250 元
11. 泰國拳　陳國榮著　180 元
12. 中國式摔跤　黃 斌編著　180 元
13. 太極劍入門　李德印編著　180 元
14. 太極拳運動　運動司編　250 元

15. 太極拳譜	清・王宗岳等著	280 元
16. 散手初學	冷　峰編著	200 元
17. 南拳	朱瑞琪編著	180 元
18. 吳式太極劍	王培生著	200 元
19. 太極拳健身與技擊	王培生著	250 元
20. 秘傳武當八卦掌	狄兆龍著	250 元
21. 太極拳論譚	沈　壽著	250 元
22. 陳式太極拳技擊法	馬　虹著	250 元
23. 二十四式 三十二式 太極 拳 劍	闞桂香著	180 元
24. 楊式秘傳 129 式太極長拳	張楚全著	280 元
25. 楊式太極拳架詳解	林炳堯著	280 元
26. 華佗五禽劍	劉時榮著	180 元
27. 太極拳基礎講座：基本功與簡化 24 式	李德印著	250 元
28. 武式太極拳精華	薛乃印著	200 元
29. 陳式太極拳拳理闡微	馬　虹著	350 元
30. 陳式太極拳體用全書	馬　虹著	400 元
31. 張三豐太極拳	陳占奎著	200 元
32. 中國太極推手	張　山主編	300 元
33. 48 式太極拳入門	門惠豐編著	220 元
34. 太極拳奇人奇功	嚴翰秀編著	250 元
35. 心意門秘籍	李新民編著	220 元
36. 三才門乾坤戊己功	王培生編著	220 元
37. 武式太極劍精華 +VCD	薛乃印編著	350 元
38. 楊式太極拳	傅鐘文演述	200 元
39. 陳式太極拳、劍 36 式	闞桂香編著	250 元
40. 正宗武式太極拳	薛乃印著	220 元
41. 杜元化＜太極拳正宗＞考析	王海洲等著	300 元
42. ＜珍貴版＞陳式太極拳	沈家楨著	280 元
43. 24 式太極拳＋VCD	中國國家體育總局著	350 元
44. 太極推手絕技	安在峰編著	250 元
45. 孫祿堂武學錄	孫祿堂著	300 元
46. ＜珍貴本＞陳式太極拳精選	馮志強著	280 元
47. 武當趙保太極拳小架	鄭悟清傳授	250 元
48. 太極拳習練知識問答	邱丕相主編	220 元

・原地太極拳系列・大展編號 11

1. 原地綜合太極拳 24 式	胡啟賢創編	220 元
2. 原地活步太極拳 42 式	胡啟賢創編	200 元
3. 原地簡化太極拳 24 式	胡啟賢創編	200 元
4. 原地太極拳 12 式	胡啟賢創編	200 元
5. 原地青少年太極拳 22 式	胡啟賢創編	200 元

・名師出高徒・大展編號 111

1. 武術基本功與基本動作　劉玉萍編著　200 元
2. 長拳入門與精進　吳彬　等著　220 元
3. 劍術刀術入門與精進　楊柏龍等著　220 元
4. 棍術、槍術入門與精進　邱丕相編著　220 元
5. 南拳入門與精進　朱瑞琪編著　220 元
6. 散手入門與精進　張　山等著　220 元
7. 太極拳入門與精進　李德印編著　280 元
8. 太極推手入門與精進　田金龍編著　220 元

・實用武術技擊・大展編號 112

1. 實用自衛拳法　溫佐惠　著　250 元
2. 搏擊術精選　陳清山等著　220 元
3. 秘傳防身絕技　程崑彬　著　230 元
4. 振藩截拳道入門　陳琦平　著　220 元
5. 實用擒拿法　韓建中　著　220 元
6. 擒拿反擒拿 88 法　韓建中　著　250 元

・中國武術規定套路・大展編號 113

1. 螳螂拳　中國武術系列　300 元
2. 劈掛拳　規定套路編寫組　300 元
3. 八極拳

・中華傳統武術・大展編號 114

1. 中華古今兵械圖考　裴錫榮　主編　280 元
2. 武當劍　陳湘陵　編著　200 元
3. 梁派八卦掌（老八掌）　李子鳴　遺著　220 元
4. 少林 72 藝與武當 36 功　裴錫榮　主編　230 元
5. 三十六把擒拿　佐藤金兵衛　主編　200 元
6. 武當太極拳與盤手 20 法　裴錫榮　主編　元

・少 林 功 夫・大展編號 115

1. 少林打擂秘訣　德虔、素法　編著　300 元
2. 少林三大名拳　炮拳、大洪拳、六合拳　門惠豐　等著　200 元
3. 少林三絕　氣功、點穴、擒拿　德虔　編著　300 元

・道 學 文 化・大展編號 12

1. 道在養生：道教長壽術　郝勤　等著　250 元

2. 龍虎丹道：道教內丹術　郝勤　著　300 元
3. 天上人間：道教神仙譜系　黃德海著　250 元
4. 步罡踏斗：道教祭禮儀典　張澤洪著　250 元
5. 道醫窺秘：道教醫學康復術　王慶餘等著　250 元
6. 勸善成仙：道教生命倫理　李　剛著　250 元
7. 洞天福地：道教宮觀勝境　沙銘壽著　250 元
8. 青詞碧簫：道教文學藝術　楊光文等著　250 元
9. 沈博絕麗：道教格言精粹　朱耕發等著　250 元

・易 學 智 慧・大展編號 122

1. 易學與管理　余敦康主編　250 元
2. 易學與養生　劉長林等著　300 元
3. 易學與美學　劉綱紀等著　300 元
4. 易學與科技　董光壁著　280 元
5. 易學與建築　韓增祿著　280 元
6. 易學源流　鄭萬耕著　280 元
7. 易學的思維　傅雲龍等著　250 元
8. 周易與易圖　李　申著　250 元
9. 易學與佛教　王仲堯著　元

・神 算 大 師・大展編號 123

1. 劉伯溫神算兵法　應　涵編著　280 元
2. 姜太公神算兵法　應　涵編著　280 元
3. 鬼谷子神算兵法　應　涵編著　280 元
4. 諸葛亮神算兵法　應　涵編著　280 元

・命 理 與 預 言・大展編號 06

1. 12 星座算命術　訪星珠著　200 元
2. 中國式面相學入門　蕭京凌編著　180 元
3. 圖解命運學　陸明編著　200 元
4. 中國秘傳面相術　陳炳崑編著　180 元
5. 13 星座占星術　馬克・矢崎著　200 元
6. 命名彙典　水雲居士編著　180 元
7. 簡明紫微斗術命運學　唐龍編著　220 元
8. 住宅風水吉凶判斷法　琪輝編譯　180 元
9. 鬼谷算命秘術　鬼谷子著　200 元
10. 密教開運咒法　中岡俊哉著　250 元
11. 女性星魂術　岩滿羅門著　200 元
12. 簡明四柱推命學　呂昌釧編著　230 元
13. 手相鑑定奧秘　高山東明著　200 元
14. 簡易精確手相　高山東明著　200 元

15. 13 星座戀愛占卜　彤雲編譯組　200 元
16. 女巫的咒法　柯素娥譯　230 元
17. 六星命運占卜學　馬文莉編著　230 元
18. 簡明易占學　黃曉崧編著　230 元
19. Ａ血型與十二生肖　鄒雲英編譯　90 元
20. Ｂ血型與十二生肖　鄒雲英編譯　90 元
21. Ｏ血型與十二生肖　鄒雲英編譯　100 元
22. ＡＢ血型與十二生肖　鄒雲英編譯　90 元
23. 筆跡占卜學　周子敬著　220 元
24. 神秘消失的人類　林達中譯　80 元
25. 世界之謎與怪談　陳炳崑譯　80 元
26. 符咒術入門　柳玉山人編　150 元
27. 神奇的白符咒　柳玉山人編　160 元
28. 神奇的紫符咒　柳玉山人編　200 元
29. 秘咒魔法開運術　吳慧鈴編譯　180 元
30. 諾米空秘咒法　馬克・矢崎編著　220 元
31. 改變命運的手相術　鐘文訓著　120 元
32. 黃帝手相占術　鮑黎明著　230 元
33. 惡魔的咒法　杜美芳譯　230 元
34. 腳相開運術　王瑞禎譯　130 元
35. 面相開運術　許麗玲譯　150 元
36. 房屋風水與運勢　邱震睿編譯　200 元
37. 商店風水與運勢　邱震睿編譯　200 元
38. 諸葛流天文遁甲　巫立華譯　150 元
39. 聖帝五龍占術　廖玉山譯　180 元
40. 萬能神算　張助馨編著　120 元
41. 神秘的前世占卜　劉名揚譯　150 元
42. 諸葛流奇門遁甲　巫立華譯　150 元
43. 諸葛流四柱推命　巫立華譯　180 元
44. 室內擺設創好運　小林祥晃著　200 元
45. 室內裝潢開運法　小林祥晃著　230 元
46. 新・大開運吉方位　小林祥晃著　200 元
47. 風水的奧義　小林祥晃著　200 元
48. 開運風水收藏術　小林祥晃著　200 元
49. 商場開運風水術　小林祥晃著　200 元
50. 骰子開運易占　立野清隆著　250 元
51. 四柱推命愛情運　李芳黛譯　220 元
52. 風水開運飲食法　小林祥晃著　200 元
53. 最新簡易手相　小林八重子著　220 元
54. 最新占術大全　高平鳴海著　300 元
55. 庭園開運風水　小林祥晃著　220 元
56. 人際關係風水術　小林祥晃著　220 元
57. 愛情速配指數解析　彤雲編著　200 元
58. 十二星座論愛情　童筱允編著　200 元

59. 實用八字命學講義　姜威國著　280 元
60. 斗數高手實戰過招　姜威國著　280 元
61. 星宿占星術　楊鴻儒譯　220 元
62. 現代鬼谷算命學　維湘居士編著　280 元
63. 生意興隆的風水　小林祥晃著　220 元
64. 易學：時間之門　辛　子著　220 元
65. 完全幸福風水術　小林祥晃著　220 元
66. 婚課擇用寶鑑　姜威國著　280 元
67. 2小時學會易經　姜威國著　250 元
68. 綜合易卦姓名學　林虹余著　200 元

・秘傳占卜系列・大展編號 14

1. 手相術　淺野八郎著　180 元
2. 人相術　淺野八郎著　180 元
3. 西洋占星術　淺野八郎著　180 元
4. 中國神奇占卜　淺野八郎著　150 元
5. 夢判斷　淺野八郎著　150 元
6. 前世、來世占卜　淺野八郎著　150 元
7. 法國式血型學　淺野八郎著　150 元
8. 靈感、符咒學　淺野八郎著　150 元
9. 紙牌占卜術　淺野八郎著　150 元
10. ESP 超能力占卜　淺野八郎著　150 元
11. 猶太數的秘術　淺野八郎著　150 元
12. 新心理測驗　淺野八郎著　160 元
13. 塔羅牌預言秘法　淺野八郎著　200 元

・趣味心理講座・大展編號 15

1. 性格測驗（1）探索男與女　淺野八郎著　140 元
2. 性格測驗（2）透視人心奧秘　淺野八郎著　140 元
3. 性格測驗（3）發現陌生的自己　淺野八郎著　140 元
4. 性格測驗（4）發現你的真面目　淺野八郎著　140 元
5. 性格測驗（5）讓你們吃驚　淺野八郎著　140 元
6. 性格測驗（6）洞穿心理盲點　淺野八郎著　140 元
7. 性格測驗（7）探索對方心理　淺野八郎著　140 元
8. 性格測驗（8）由吃認識自己　淺野八郎著　160 元
9. 性格測驗（9）戀愛知多少　淺野八郎著　160 元
10. 性格測驗（10）由裝扮瞭解人心　淺野八郎著　160 元
11. 性格測驗（11）敲開內心玄機　淺野八郎著　140 元
12. 性格測驗（12）透視你的未來　淺野八郎著　160 元
13. 血型與你的一生　淺野八郎著　160 元
14. 趣味推理遊戲　淺野八郎著　160 元
15. 行為語言解析　淺野八郎著　160 元

・婦 幼 天 地・大展編號 16

1.	八萬人減肥成果	黃靜香譯	180 元
2.	三分鐘減肥體操	楊鴻儒譯	150 元
3.	窈窕淑女美髮秘訣	柯素娥譯	130 元
4.	使妳更迷人	成　玉譯	130 元
5.	女性的更年期	官舒妍編譯	160 元
6.	胎內育兒法	李玉瓊編譯	150 元
7.	早產兒袋鼠式護理	唐岱蘭譯	200 元
8.	初次懷孕與生產	婦幼天地編譯組	180 元
9.	初次育兒 12 個月	婦幼天地編譯組	180 元
10.	斷乳食與幼兒食	婦幼天地編譯組	180 元
11.	培養幼兒能力與性向	婦幼天地編譯組	180 元
12.	培養幼兒創造力的玩具與遊戲	婦幼天地編譯組	180 元
13.	幼兒的症狀與疾病	婦幼天地編譯組	180 元
14.	腿部苗條健美法	婦幼天地編譯組	180 元
15.	女性腰痛別忽視	婦幼天地編譯組	150 元
16.	舒展身心體操術	李玉瓊編譯	130 元
17.	三分鐘臉部體操	趙薇妮著	160 元
18.	生動的笑容表情術	趙薇妮著	160 元
19.	心曠神怡減肥法	川津祐介著	130 元
20.	內衣使妳更美麗	陳玄茹譯	130 元
21.	瑜伽美姿美容	黃靜香編著	180 元
22.	高雅女性裝扮學	陳珮玲譯	180 元
23.	蠶糞肌膚美顏法	梨秀子著	160 元
24.	認識妳的身體	李玉瓊譯	160 元
25.	產後恢復苗條體態	居理安・芙萊喬著	200 元
26.	正確護髮美容法	山崎伊久江著	180 元
27.	安琪拉美姿養生學	安琪拉蘭斯博瑞著	180 元
28.	女體性醫學剖析	增田豐著	220 元
29.	懷孕與生產剖析	岡部綾子著	180 元
30.	斷奶後的健康育兒	東城百合子著	220 元
31.	引出孩子幹勁的責罵藝術	多湖輝著	170 元
32.	培養孩子獨立的藝術	多湖輝著	170 元
33.	子宮肌瘤與卵巢囊腫	陳秀琳編著	180 元
34.	下半身減肥法	納他夏・史達賓著	180 元
35.	女性自然美容法	吳雅菁編著	180 元
36.	再也不發胖	池園悅太郎著	170 元
37.	生男生女控制術	中垣勝裕著	220 元
38.	使妳的肌膚更亮麗	楊　皓編著	170 元
39.	臉部輪廓變美	芝崎義夫著	180 元
40.	斑點、皺紋自己治療	高須克彌著	180 元
41.	面皰自己治療	伊藤雄康著	180 元

42. 隨心所欲瘦身冥想法　原久子著　180 元
43. 胎兒革命　鈴木丈織著　180 元
44. NS 磁氣平衡法塑造窈窕奇蹟　古屋和江著　180 元
45. 享瘦從腳開始　山田陽子著　180 元
46. 小改變瘦 4 公斤　宮本裕子著　180 元
47. 軟管減肥瘦身　高橋輝男著　180 元
48. 海藻精神秘美容法　劉名揚編著　180 元
49. 肌膚保養與脫毛　鈴木真理著　180 元
50. 10 天減肥 3 公斤　彤雲編輯組　180 元
51. 穿出自己的品味　西村玲子著　280 元
52. 小孩髮型設計　李芳黛譯　250 元

・青　春　天　地・大展編號 17

1. A 血型與星座　柯素娥編譯　160 元
2. B 血型與星座　柯素娥編譯　160 元
3. O 血型與星座　柯素娥編譯　160 元
4. AB 血型與星座　柯素娥編譯　120 元
5. 青春期性教室　呂貴嵐編譯　130 元
7. 難解數學破題　宋釗宜編譯　130 元
9. 小論文寫作秘訣　林顯茂編譯　120 元
11. 中學生野外遊戲　熊谷康編著　120 元
12. 恐怖極短篇　柯素娥編譯　130 元
13. 恐怖夜話　小毛驢編譯　130 元
14. 恐怖幽默短篇　小毛驢編譯　120 元
15. 黑色幽默短篇　小毛驢編譯　120 元
16. 靈異怪談　小毛驢編譯　130 元
17. 錯覺遊戲　小毛驢編著　130 元
18. 整人遊戲　小毛驢編著　150 元
19. 有趣的超常識　柯素娥編譯　130 元
20. 哦！原來如此　林慶旺編譯　130 元
21. 趣味競賽 100 種　劉名揚編譯　120 元
22. 數學謎題入門　宋釗宜編譯　150 元
23. 數學謎題解析　宋釗宜編譯　150 元
24. 透視男女心理　林慶旺編譯　120 元
25. 少女情懷的自白　李桂蘭編譯　120 元
26. 由兄弟姊妹看命運　李玉瓊編譯　130 元
27. 趣味的科學魔術　林慶旺編譯　150 元
28. 趣味的心理實驗室　李燕玲編譯　150 元
29. 愛與性心理測驗　小毛驢編譯　130 元
30. 刑案推理解謎　小毛驢編譯　180 元
31. 偵探常識推理　小毛驢編譯　180 元
32. 偵探常識解謎　小毛驢編譯　130 元
33. 偵探推理遊戲　小毛驢編譯　180 元

34. 趣味的超魔術　廖玉山編著　150 元
35. 趣味的珍奇發明　柯素娥編著　150 元
36. 登山用具與技巧　陳瑞菊編著　150 元
37. 性的漫談　蘇燕謀編著　180 元
38. 無的漫談　蘇燕謀編著　180 元
39. 黑色漫談　蘇燕謀編著　180 元
40. 白色漫談　蘇燕謀編著　180 元

・健　康　天　地・大展編號 18

1. 壓力的預防與治療　柯素娥編譯　130 元
2. 超科學氣的魔力　柯素娥編譯　130 元
3. 尿療法治病的神奇　中尾良一著　130 元
4. 鐵證如山的尿療法奇蹟　廖玉山譯　120 元
5. 一日斷食健康法　葉慈容編譯　150 元
6. 胃部強健法　陳炳崑譯　120 元
7. 癌症早期檢查法　廖松濤譯　160 元
8. 老人痴呆症防止法　柯素娥編譯　170 元
9. 松葉汁健康飲料　陳麗芬編譯　150 元
10. 揉肚臍健康法　永井秋夫著　150 元
11. 過勞死、猝死的預防　卓秀貞編譯　130 元
12. 高血壓治療與飲食　藤山順豐著　180 元
13. 老人看護指南　柯素娥編譯　150 元
14. 美容外科淺談　楊啟宏著　150 元
15. 美容外科新境界　楊啟宏著　150 元
16. 鹽是天然的醫生　西英司郎著　140 元
17. 年輕十歲不是夢　梁瑞麟譯　200 元
18. 茶料理治百病　桑野和民著　180 元
20. 杜仲茶養顏減肥法　西田博著　170 元
21. 蜂膠驚人療效　瀨長良三郎著　180 元
22. 蜂膠治百病　瀨長良三郎著　180 元
23. 醫藥與生活　鄭炳全著　180 元
24. 鈣長生寶典　落合敏著　180 元
25. 大蒜長生寶典　木下繁太郎著　160 元
26. 居家自我健康檢查　石川恭三著　160 元
27. 永恆的健康人生　李秀鈴譯　200 元
28. 大豆卵磷脂長生寶典　劉雪卿譯　150 元
29. 芳香療法　梁艾琳譯　160 元
30. 醋長生寶典　柯素娥譯　180 元
31. 從星座透視健康　席拉・吉蒂斯著　180 元
32. 愉悅自在保健學　野本二士夫著　160 元
33. 裸睡健康法　丸山淳士等著　160 元
34. 糖尿病預防與治療　藤山順豐著　180 元
35. 維他命長生寶典　菅原明子著　180 元

36. 維他命C新效果　鐘文訓編　150元
37. 手、腳病理按摩　提芳朗著　160元
38. AIDS 瞭解與預防　彼得塔歇爾著　180元
39. 甲殼質殼聚糖健康法　沈永嘉譯　160元
40. 神經痛預防與治療　木下真男著　160元
41. 室內身體鍛鍊法　陳炳崑編著　160元
42. 吃出健康藥膳　劉大器編著　180元
43. 自我指壓術　蘇燕謀編著　160元
44. 紅蘿蔔汁斷食療法　李玉瓊編著　150元
45. 洗心術健康秘法　竺翠萍編譯　170元
46. 枇杷葉健康療法　柯素娥編譯　180元
47. 抗衰血癒　楊啟宏著　180元
48. 與癌搏鬥記　逸見政孝著　180元
49. 冬蟲夏草長生寶典　高橋義博著　170元
50. 痔瘡・大腸疾病先端療法　宮島伸宜著　180元
51. 膠布治癒頑固慢性病　加瀨建造著　180元
52. 芝麻神奇健康法　小林貞作著　170元
53. 香煙能防止癡呆？　高田明和著　180元
54. 穀菜食治癌療法　佐藤成志著　180元
55. 貼藥健康法　松原英多著　180元
56. 克服癌症調和道呼吸法　帶津良一著　180元
57. B型肝炎預防與治療　野村喜重郎著　180元
58. 青春永駐養生導引術　早島正雄著　180元
59. 改變呼吸法創造健康　原久子著　180元
60. 荷爾蒙平衡養生秘訣　出村博著　180元
61. 水美肌健康法　井戶勝富著　170元
62. 認識食物掌握健康　廖梅珠編著　170元
63. 痛風劇痛消除法　鈴木吉彥著　180元
64. 酸莖菌驚人療效　上田明彥著　180元
65. 大豆卵磷脂治現代病　神津健一著　200元
66. 時辰療法—危險時刻凌晨4時　呂建強等著　180元
67. 自然治癒力提升法　帶津良一著　180元
68. 巧妙的氣保健法　藤平墨子著　180元
69. 治癒C型肝炎　熊田博光著　180元
70. 肝臟病預防與治療　劉名揚編著　180元
71. 腰痛平衡療法　荒井政信著　180元
72. 根治多汗症、狐臭　稻葉益巳著　220元
73. 40歲以後的骨質疏鬆症　沈永嘉譯　180元
74. 認識中藥　松下一成著　180元
75. 認識氣的科學　佐佐木茂美著　180元
76. 我戰勝了癌症　安田伸著　180元
77. 斑點是身心的危險信號　中野進著　180元
78. 艾波拉病毒大震撼　玉川重德著　180元
79. 重新還我黑髮　桑名隆一郎著　180元

80. 身體節律與健康　林博史著　180元
81. 生薑治萬病　石原結實著　180元
83. 木炭驚人的威力　大槻彰著　200元
84. 認識活性氧　井土貴司著　180元
85. 深海鮫治百病　廖玉山編著　180元
86. 神奇的蜂王乳　井上丹治著　180元
87. 卡拉 OK 健腦法　東潔著　180元
88. 卡拉 OK 健康法　福田伴男著　180元
89. 醫藥與生活　鄭炳全著　200元
90. 洋蔥治百病　宮尾興平著　180元
91. 年輕 10 歲快步健康法　石塚忠雄著　180元
92. 石榴的驚人神效　岡本順子著　180元
93. 飲料健康法　白鳥早奈英著　180元
94. 健康棒體操　劉名揚編譯　180元
95. 催眠健康法　蕭京凌編著　180元
96. 鬱金（美王）治百病　水野修一著　180元
97. 醫藥與生活　鄭炳全著　200元

・實用女性學講座・大展編號 19

1. 解讀女性內心世界　島田一男著　150元
2. 塑造成熟的女性　島田一男著　150元
3. 女性整體裝扮學　黃靜香編著　180元
4. 女性應對禮儀　黃靜香編著　180元
5. 女性婚前必修　小野十傳著　200元
6. 徹底瞭解女人　田口二州著　180元
7. 拆穿女性謊言 88 招　島田一男著　200元
8. 解讀女人心　島田一男著　200元
9. 俘獲女性絕招　志賀貢著　200元
10. 愛情的壓力解套　中村理英子著　200元
11. 妳是人見人愛的女孩　廖松濤編著　200元

・校園系列・大展編號 20

1. 讀書集中術　多湖輝著　180元
2. 應考的訣竅　多湖輝著　150元
3. 輕鬆讀書贏得聯考　多湖輝著　180元
4. 讀書記憶秘訣　多湖輝著　180元
5. 視力恢復！超速讀術　江錦雲譯　180元
6. 讀書 36 計　黃柏松編著　180元
7. 驚人的速讀術　鐘文訓編著　170元
8. 學生課業輔導良方　多湖輝著　180元
9. 超速讀超記憶法　廖松濤編著　180元
10. 速算解題技巧　宋釗宜編著　200元

國家圖書館出版品預行編目資料

簡明紫微斗數命運學/ 唐龍　編著
－2版－臺北市：大展，1997【民86】
面；21公分 －（命理預言；7）
ISBN 957-557-776-0（平裝）

1. 命書

293.1　　86013918

簡明紫微斗數命運學

ISBN 957-557-776-0

編著者／唐　龍
發行人／蔡　森　明
出版者／大展出版社有限公司
社　址／台北市北投區（石牌）致遠一路2段12巷1號
電　話／（02）28236031・28236033・28233123
傳　真／（02）28272069
郵政劃撥／01669551
E－mail／dah_jaan@pchome.com.tw
登記證／局版臺業字第2171號
承印者／高星印刷品行
裝　訂／協億印製廠股份有限公司
排版者／千兵企業有限公司
初版1刷／1990年（民79年）6月
2版1刷／1997年（民86年）12月
2版2刷／1999年（民88年）8月
2版3刷／2003年（民92年）3月

定價／220元

大展好書　好書大展
品嘗好書　冠群可期